세종 대왕도 찾아보는 초등 필수 어휘 100

레벨 1

세종 대왕도 찾아보는
초등 필수 어휘 100_레벨 1

초판 1쇄 인쇄 2025년 11월 13일
초판 1쇄 발행 2025년 11월 25일

글 홍옥
그림 윤유리

펴낸곳 도서출판 개암나무(주)
펴낸이 김보경
경영관리 총괄 김수현 **경영관리** 배정은 조영재
편집 조원선 김소희 오은정 이혜인 **디자인** 이은주 **마케팅** 이기성
출판등록 2006년 6월 16일 제22-2944호

주소 서울특별시 용산구 한남대로40길 19, 4층(한남동, JD빌딩) (우)04417
전화 (02)6254-0601, 6207-0603 **팩스** (02)6254-0602 **E-mail** gaeam@gaeamnamu.co.kr
개암나무 블로그 http://blog.naver.com/gaeamnamu **개암나무 카페** http://cafe.naver.com/gaeam

ⓒ 홍옥, 윤유리, 2025
이 책의 저작권은 저자에게 있습니다. 저자와 출판사의 허락 없이 내용의 일부를 인용하거나 발췌하는 것을 금합니다.

ISBN 978-89-6830-895-6 74700
ISBN 978-89-6830-894-9 (세트)

품명 아동 도서 | **제조년월** 2025년 11월 25일 | **사용연령** 10세 이상
제조자명 개암나무(주) | **제조국명** 대한민국 | **전화번호** 02-6254-0601
주소 서울특별시 용산구 한남대로40길 19, 4층(한남동, JD빌딩)

세종 대왕도 찾아보는
초등 필수 어휘 100

홍옥 글
윤유리 그림

레벨 1

개암나무

작가의 말

어휘력이 팍팍 늘어날
어린이들에게

　스마트폰과 영상 매체의 발달은 우리의 언어생활에 큰 변화를 불러왔어요. 빠르게 바뀌는 화면에 익숙해지면서 차분히 생각을 정리하거나 글을 곱씹어 볼 시간이 줄었지요. 그 결과 긴 글을 읽고 이해하는 일이 점점 어려워졌어요. 또 줄임말이나 유행어를 자주 쓰다 보니 다양한 어휘와 표현을 만날 기회도 적어졌어요. 이렇게 되면 문해력뿐 아니라 언어 감각까지 약해질 수 있답니다.

　그렇다면 어떻게 해야 할까요? 답은 바로 어휘예요. 우리의 생각하는 힘은 알고 있는 어휘의 수에 달려 있다고 해도 과언이 아니에요. 풍부한 어휘력은 생각의 폭을 넓히고 표현을 다채롭게 해 주거든요. 단순히 단어를 외우는 데 그치지 않고 뜻과 쓰임새를 이해하며 상황과 맥락에 맞게 활용할 때, 비로소 자기 생각을 정확하게 전하고 다른 사람의 말도 바르게 이해할 수 있어요.

　《세종 대왕도 찾아보는 초등 필수 어휘 100 레벨 1》은 문해력이 본격적으로 확장되기 시작하는 초등학생을 위한 책이에요. 국립국어원의 '국어 기초 어휘 선정 목록' 가운데 초등학생이 알아야 할 어휘를 모아 놓은 3등급 어휘 100가지를 골라, '일상에서 자주 쓰는 어휘' '의미를 알면 재미있는 어휘' '상식이 자라나는 어휘' 등 주제별로 엮었어요.

  초등학교 시기는 어휘 하나하나의 의미에 호기심을 갖고, 일상에서 쓰는 말뿐 아니라 교과서나 책에서 본 낱말이 구체적으로 어떻게 쓰이는지 주의 깊게 배우는 때이지요. 이때 어휘를 잘 다져 두면 책 읽기도 수월해지고 공부도 훨씬 즐거워질 거예요.

  이 책이 여러분의 언어생활을 더욱 풍성하게 하고, 생각의 날개를 마음껏 펼치는 힘이 되기를 바랍니다. 차곡차곡 저축하듯 어휘를 쌓아 가며, 더 넓은 세상과 자신 있게 소통하는 멋진 어린이로 자라나길 응원합니다.

홍옥

이 책의 구성을 살펴봐요

이 책은 초등학생이 꼭 알아야 할 어휘를 쉽고 즐겁게 배울 수 있도록 만들었어요. 어휘의 의미뿐 아니라 어떻게 생겨났는지, 어떤 상황에서 쓰이는지도 재미있는 그림과 생활 속 예문으로 알려 줍니다. 비슷한말, 반대말, 사자성어, 속담 등 관련 어휘를 함께 익히며 생각의 폭을 넓힐 수 있어요.

어휘를 소개해요
어휘의 기본 의미를 간단하고 명확하게 알려 줘요. 한자도 확인할 수 있어요.

갈등
葛 칡 갈 藤 등나무 등

- 서로 생각이 달라 싸우거나 충돌하는 상태.
- 소설이나 희곡에서 인물끼리, 또는 인물과 환경 사이에 생기는 대립.
- 두 가지 중 하나를 고르지 못해 마음이 괴로운 상태.

'갈등'은 '칡 갈(葛)' 자와 '등나무 등(藤)' 자를 합친 말이에요. 칡과 등나무 같은 덩굴 식물은 다른 식물이나 물건을 감으며 자라요. 그런데 두 식물이 같은 나무를 타고 올라가 서로 얽히면, 끝내 둘 다 죽게 돼요. 그래서 갈등은 '생각이나 처지가 달라 다투거나 고민하는 상황'을 뜻해요. 갈등이 생기면 대화하고 양보하며 풀어야 해요. 그렇지 않으면 마음만 괴로워져요.

배경 이야기를 전해요
어휘가 어떻게 생겨났는지, 어떤 뜻이 담겼는지, 사용할 때 유의할 점이 무엇인지 등을 재미있게 설명해요.

그림과 함께 예문을 배워요
생활 속에서 어휘를 쓰는 상황을 그림으로 보여 주어 쓰임을 쉽게 이해해요.

탕수육을 두고 부먹파와 찍먹파가 **갈등** 중이다.

각 장 소개

- **일상에서 자주 쓰는 어휘:** 평소 대화나 글에서 자주 만나는 어휘예요.
- **의미를 알면 재미있는 어휘:** 특별한 유래나 이야기가 담긴 어휘예요.
- **상식이 자라나는 어휘:** 신문 기사나 사회 교과에서 자주 나오는 어휘예요.
- **상황을 실감 나게 표현하는 어휘:** 감정이나 행동을 생생하게 표현하는 어휘예요.
- **비유가 담긴 어휘:** 사물이나 현상을 빗대어 표현한 어휘예요.

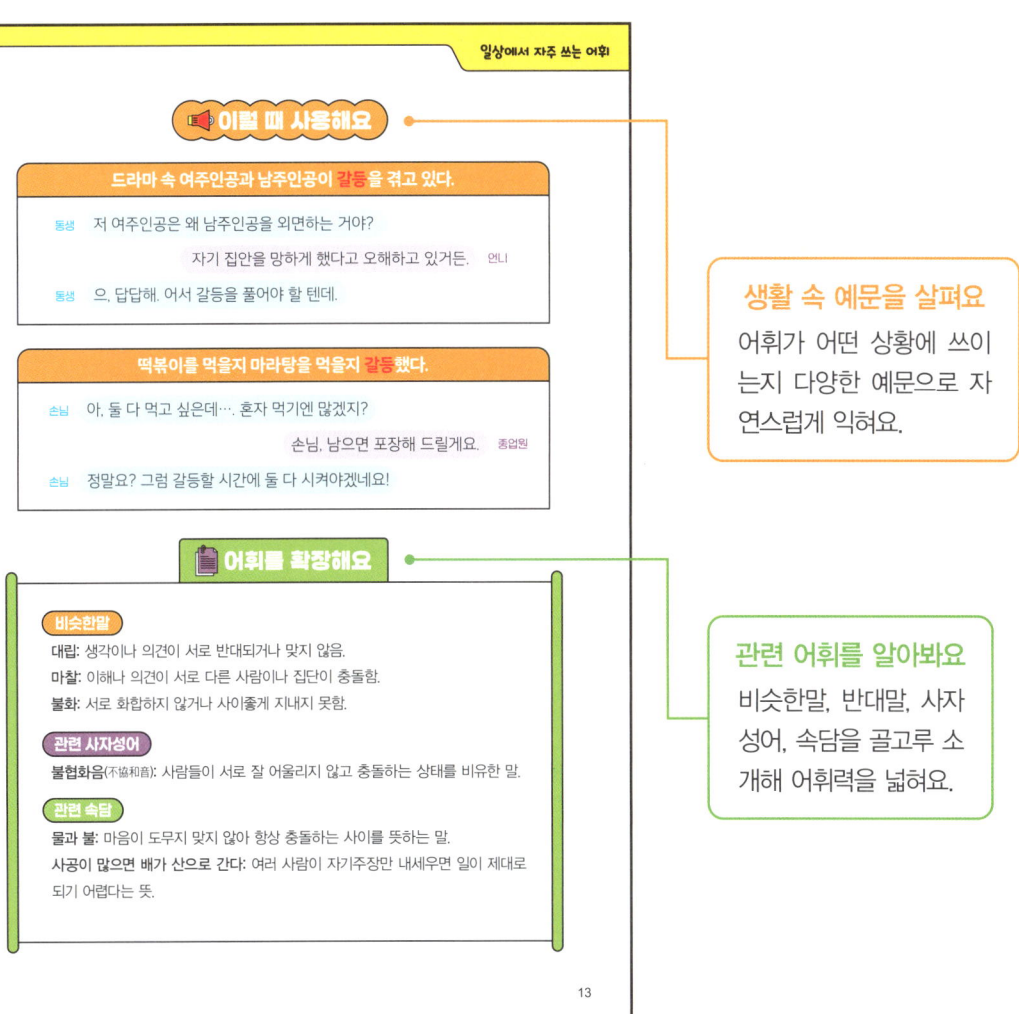

차례

작가의 말 … 4
이 책의 구성을 살펴봐요 … 6

일상에서 자주 쓰는 어휘

갈등·12 건성·14 도배하다·16 마음먹다·18 매진·20 배웅·22 별일·24
보람·26 분류·28 비치하다·30 사양·32 살림·34 소통·36 쏠쏠이·38
연장되다·40 요령·42 이륙하다·44 제철·46 추리하다·48
편집·50

의미를 알면 재미있는 어휘

갈팡질팡·54 감명·56 겉치레·58 골칫거리·60 다짜고짜·62 독촉·64
돌파구·66 뒤죽박죽·68 뚱딴지·70 버팀목·72 별안간·74 본보기·76
송두리째·78 수치·80 엄살·82 윤곽·84 응석·86 잣대·88 질색·90
허세·92

상식이 자라나는 어휘

감소하다·96　고소하다·98　구독·100　논쟁·102　목돈·104　무공해·106
문화유산·108　복구하다·110　복지·112　부패·114　사이비·116　소외·118
수색·120　유래·122　이기주의·124　익명·126　징조·128　출처·130
희생·132

상황을 실감 나게 표현하는 어휘

가물가물하다·136　경계하다·138　고분고분하다·140　귀담아듣다·142
누그러뜨리다·144　등지다·146　먹먹하다·148　몰두하다·150
무모하다·152　무성하다·154　발휘하다·156　불사르다·158　비꼬다·160
빗발치다·162　삼가다·164　설치다·166　소스라치다·168　수수하다·170
숱하다·172　시급하다·174　어처구니없다·176　얼버무리다·178
이바지하다·180　진동하다·182　처치하다·184　캐묻다·186
팽팽하다·188　홀가분하다·190

비유가 담긴 어휘

걸림돌·194　고삐·196　밑거름·198　바늘구멍·200　부채질하다·202
살얼음판·204　샛별·206　식은땀·208　쏜살같이·210　쐐기·212
악착같이·214　턱걸이·216　티끌·218

★★★ ★★★

갈등 건성 도배하다 마음먹다 매진 배웅 별일 보람

분류 비치하다 사양 살림 소통 씀씀이 연장되다

요령 이륙하다 제철 추리하다 편집

갈등

- 서로 생각이 달라 싸우거나 충돌하는 상태.
- 소설이나 희곡에서 인물끼리, 또는 인물과 환경 사이에 생기는 대립.
- 두 가지 중 하나를 고르지 못해 마음이 괴로운 상태.

葛 칡 갈 藤 등나무 등

'갈등'은 '칡 갈(葛)' 자와 '등나무 등(藤)' 자를 합친 말이에요. 칡과 등나무 같은 덩굴 식물은 다른 식물이나 물건을 감으며 자라요. 그런데 두 식물이 같은 나무를 타고 올라가 서로 얽히면, 끝내 둘 다 죽게 돼요. 그래서 갈등은 '생각이나 처지가 달라 다투거나 고민하는 상황'을 뜻해요. 갈등이 생기면 대화하고 양보하며 풀어야 해요. 그렇지 않으면 마음만 괴로워져요.

탕수육을 두고
부먹파와 찍먹파가 **갈등** 중이다.

일상에서 자주 쓰는 어휘

이럴 때 사용해요

드라마 속 여주인공과 남주인공이 갈등을 겪고 있다.

동생 저 여주인공은 왜 남주인공을 외면하는 거야?

자기 집안을 망하게 했다고 오해하고 있거든. 언니

동생 으, 답답해. 어서 갈등을 풀어야 할 텐데.

떡볶이를 먹을지 마라탕을 먹을지 갈등했다.

손님 아, 둘 다 먹고 싶은데…. 혼자 먹기엔 많겠지?

손님, 남으면 포장해 드릴게요. 종업원

손님 정말요? 그럼 갈등할 시간에 둘 다 시켜야겠네요!

어휘를 확장해요

비슷한말
대립: 생각이나 의견이 서로 반대되거나 맞지 않음.
마찰: 이해나 의견이 서로 다른 사람이나 집단이 충돌함.
불화: 서로 화합하지 않거나 사이좋게 지내지 못함.

관련 사자성어
불협화음(不協和音): 사람들이 서로 잘 어울리지 않고 충돌하는 상태를 비유한 말.

관련 속담
물과 불: 마음이 도무지 맞지 않아 항상 충돌하는 사이를 뜻하는 말.
사공이 많으면 배가 산으로 간다: 여러 사람이 자기주장만 내세우면 일이 제대로 되기 어렵다는 뜻.

건성

- 어떤 일을 성의 없이 대충 겉으로만 함.
- 진심이나 성의 없이 대충 하는 태도.

여러분은 공부를 꼼꼼하게 하나요, 아니면 대충 하나요? '건성'은 어떤 일에 정성을 들이지 않고 대충 하는 걸 말해요. 또 주의 깊지 않은 태도를 가리킬 때도 쓰지요. 주로 '건성으로' 꼴로 써요. "대답을 건성으로 했다"처럼요. 비슷한말로 '건성건성'이 있어요. "기운이 빠져서 건성건성 일했다"처럼 사용해요. 건성으로 하면 실수가 생기기 쉬워요. 작은 일이라도 정성을 다하면 훨씬 더 좋은 결과를 얻을 수 있답니다.

책을 건성으로 읽으면 하루에 100권도 읽겠다.

일상에서 자주 쓰는 어휘

🔊 이럴 때 사용해요

수행 평가에 반영되는 그림을 건성으로 그렸다.

선생님 지은아, 이건 무슨 그림이니?

지은 풍경화 그리라고 하셔서 밤하늘의 별을 그렸어요.

선생님 온통 검은색뿐이잖니. 수행 평가니까 너무 건성으로 그리진 말자.

만화를 보느라 숙제는 건성이었다.

엄마 숙제 검사하게 가져와 보렴.

딸 여기요. 오늘은 숙제 다 했어요.

엄마 만화 보면서 하느라 숙제는 건성이었구나. 다 틀렸네.

📋 어휘를 확장해요

비슷한말
대강: 자세하지 않게 기본적인 부분만 살피는 정도로.

반대말
정성: 마음을 다해 힘을 들임.
성의: 정성과 뜻을 다하는 마음.

관련 사자성어
주마간산(走馬看山): 말을 타고 달리며 산을 구경하듯, 자세히 살피지 않고 대충 본다는 뜻.

관련 속담
거미줄로 방귀 동이듯: 쉽게 끊어지는 거미줄로 모양도 없는 방귀를 묶는다는 뜻으로, 실속 없이 건성으로 하는 모습을 이르는 말.

도배하다

- 벽이나 천장에 종이를 바르다.
- 어떤 장소를 한 가지 물건이나 글로 가득 채우다.
- 인터넷에서 자기 생각이나 불만을 표현하려고 같은 글이나 사진을 반복해서 올리다.

塗 칠할 도 褙 속적삼 배

보통 이사를 가면 벽지를 새로 바르지요? 이것을 '도배하다'라고 해요. 벽이나 천장에 종이를 붙이는 걸 뜻하지요. 이 말의 뜻은 점점 넓어져서 요즘은 어떤 공간을 같은 글이나 사진 등으로 가득 채울 때도 사용해요. 특히 인터넷이나 메신저에서는 같은 글이나 사진을 여러 번 반복해서 올린다는 의미로 많이 쓰이지요. 하지만 이런 행동은 다른 사람에게 불편을 줄 수 있으니, 하지 않는 게 좋아요.

악플러가 댓글 창에 같은 글을 도배했다.

일상에서 자주 쓰는 어휘

이럴 때 사용해요

엘리베이터 게시판에 광고지를 도배하면 안 된다.

주민1   엘리베이터가 광고지로 뒤덮였어요.

            게시판 너머까지 광고지로 도배했네요.   주민2

주민1   너무 지저분해요. 관리 사무소에 말해야겠어요.

지저분한 내 방을 새 벽지로 도배했다.

엄마   벽에 낙서가 잔뜩이네. 이게 다 뭐야?

            어릴 때 그랬죠…. 추억이라 생각해 주세요.   아들

엄마   추억은 사진으로 남기고 벽은 새로 도배해야겠다!

어휘를 확장해요

비슷한 말
바르다: 종이나 헝겊을 풀로 고루 붙이다.
채우다: 일정한 공간에 사람, 사물, 냄새를 가득하게 하다.
게시하다: 글이나 표를 붙여 사람들에게 알리다.
뒤덮다: 빈 곳 없이 모두 덮다.

참고 어휘
초배하다: 도배를 하기 전에 헌 종이를 미리 바르다.

관련 사자성어
만벽서화(滿壁書畫): 벽에 글씨나 그림이 가득 붙어 있는 모습을 이르는 말.

17

마음먹다

• 무엇을 하겠다고 생각하다.

마음은 눈에 보이지 않지만, 먹을 수 있다는 사실을 아나요? 밥이나 과일처럼 먹는 게 아니라, 감정이나 생각을 품어 마음을 채우는 거예요. 이를 한마디로 표현한 단어가 '마음먹다'예요. 목표를 이루기 위해 뭔가를 하겠다고 굳게 결심할 때 쓰지요. "난 공부를 열심히 해서 꼭 그 대학에 가기로 마음먹었어"처럼요. 마음을 굳게 먹으면 어려운 일도 해낼 힘이 생겨요.

**내일부터 다이어트를 하기로
굳게 마음먹었다.**

일상에서 자주 쓰는 어휘

📢 이럴 때 사용해요

아무리 힘든 상황이라도 마음먹기에 달렸다.

선수: 경기 성적을 올리려면 연습량을 더 늘려야겠어요.
코치: 포기하지 않고 노력하면 좋은 결과가 나올 거야.
선수: 이제부터 단단히 마음먹고 최선을 다할게요.

성은이는 이번 휴가를 휴양지에서 보내기로 마음먹었다.

성은: 이번엔 마음먹고 제대로 쉬고 올 거야.
친구: 그동안 고생했으니 푹 쉬어.
성은: 당연하지. 휴대 전화도 꺼 둘 거니까 나중에 연락할게!

📋 어휘를 확장해요

비슷한말

결심하다: 어떻게 하기로 굳게 마음을 정하다.
작정하다: 일을 어떻게 하기로 결정하다.
다짐하다: 마음이나 뜻을 굳게 가다듬어 정하다.
각오하다: 앞으로 해야 할 일이나 겪을 일에 대해 마음의 준비를 하다.

관련 속담

속으로 기역 자를 긋는다: 마음속으로 어떤 일을 하겠다고 결심하는 것을 비유한 말.
칼을 뽑고는 그대로 집에 꽂지 않는다: 한번 결심하면 끝까지 밀고 나간다는 뜻.
꿈은 아무렇게 꾸어도 해몽만 잘하여라: 나쁜 일도 마음먹기에 따라 좋게 생각할 수 있다는 뜻.

매진

• 물건이 하나도 안 남고 모두 팔림.

賣 팔 매 盡 다할 진

어떤 상품이나 표가 하나도 남지 않고 모두 팔린 상태를 '매진'이라고 해요. 비슷한 말로 '품절'이 있어요. 둘 다 물건이 모두 팔린 상태를 뜻하지만, '매진'은 주로 콘서트 표나 비행기표처럼 정해진 기간에만 파는 상품에 써요. 그래서 "영화표가 품절되었다"보다는 "영화표가 매진되었다"가 더 자연스러워요. 참고로 "공부에 매진하다"처럼 어떤 일에 온 힘을 다하는 경우에는 한자가 다른 '매진(邁進)'을 쓴답니다.

콘서트 표가 1분 만에 매진됐다.

일상에서 자주 쓰는 어휘

📢 이럴 때 사용해요

명절이라 그런지 제주도행 비행기표가 매진됐다.

직원 손님, 죄송하지만 표가 매진됐습니다.

혹시 취소한 사람은 없을까요? 오늘 꼭 고향에 가야 해요. 손님

직원 잠시만 기다려 주세요. 취소 표가 있는지 확인해 보겠습니다.

인기 캐릭터 인형이 나오자마자 매진 사태를 빚었다.

엄마 인형 사려고 3시간이나 줄 섰는데, 벌써 매진이라니!

그럼 크리스마스 선물 못 받아요? 딸

엄마 오늘은 못 샀지만 꼭 다른 방법을 찾아볼게. 너무 실망하지 마.

📋 어휘를 확장해요

비슷한말

완판: 물건이 하나도 안 남고 다 팔림.
품절: 물건이 다 팔려서 없음.
불티나다: 물건이 내놓기가 무섭게 빨리 팔리다.
동나다: 물건이 다 팔려서 남은 것이 없게 되다.

관련 관용구

날개 돋치다: 물건이 빠른 속도로 팔려 나가다.
손이 빠르다: 물건이 잘 팔려 나가다.

관련 속담

세난 장사 말랬다: 한창 인기가 많은 장사를 따라 하다가 손해를 볼 수 있다는 뜻.

배웅

● 떠나가는 사람을 따라 나가서 인사하며 보내는 일.

친구가 우리 집에 왔다 돌아갈 때, 문 앞까지 나가 인사하죠? 이렇게 떠나는 손님을 따라 나가 인사하는 일을 '배웅'이라고 해요. 반대로 누군가 맞이하러 나가는 일은 '마중'이라고 하지요. 배웅과 비슷한말로 '전송'이 있어요. 떠나보낸다는 의미는 같지만 배웅보다 더 예의를 갖춘 말이에요. 예를 들어, 외국 정상이 떠날 때 정부 관계자들이 공항까지 나가 인사하는 것이 전송이에요. 일상에서는 '바래다주다'라는 말도 자주 쓰여요. "친구를 집까지 바래다주다"처럼요.

형은 가족의 배웅을 뒤로하고 훈련소에 들어갔다.

일상에서 자주 쓰는 어휘

 이럴 때 사용해요

배웅을 마다하는 여자 친구가 낯설었다.

남친: 오늘 집까지 데려다줄까?
여친: 괜찮아. 여기서 버스 타면 바로 가.
남친: 평소엔 배웅 안 해 준다고 서운해하더니, 오늘은 왜 그래?

여행사에서 공항 마중과 **배웅** 서비스를 무료로 해 준다.

고객: 현지 공항에 도착하면 차량은 어떻게 이용하나요?
직원: 저희가 공항으로 마중 가고, 배웅해 드립니다.
고객: 그럼 따로 교통편을 알아볼 필요가 없겠네요!

 어휘를 확장해요

비슷한말

전송: 예를 갖추어 정중하게 떠나보내는 일. 주로 공적인 상황에 사용함.
바래다주다: 떠나는 사람을 일정한 곳까지 따라가서 보내 주다.

반대말

마중: 오는 사람을 나가서 맞이하는 일.
맞이하다: 오는 사람을 반갑게 대하다.

관련 속담

사돈 밤 바래기: 사돈끼리 밤마다 서로 바래다주니 끝이 없다는 뜻으로, 자꾸 반복되어 끝나지 않는 상황을 비유한 말.

별일

別 다를 별

- 드물거나 이상한 일.
- 여러 가지로 특별한 일.
- 평소와 다른 일.

'별일'은 '다를 별(別)' 자와 '어떤 사정'을 뜻하는 '일'을 합친 말이에요. 하나의 단어지만, 상황에 따라 여러 가지 뜻으로 쓰여요. "그것참, 별일이네"는 드물고 희한한 일이란 뜻이에요. "별일을 다 해 봤다"는 여러 가지 특별한 일을 겪었다는 뜻이고요. "별일 없지?"는 특별한 일 없이 잘 지냈냐는 인사말이에요. 이처럼 뜻이 여러 개인 말은 문장에서 어떤 의미로 쓰였는지 어떻게 알 수 있을까요? 말하는 상황이나 말한 사람의 의도를 잘 살펴보면 쉽게 알 수 있어요.

살다 보니 **별일**을 다 겪는다.

일상에서 자주 쓰는 어휘

이럴 때 사용해요

아빠는 학비를 벌려고 별일을 다 해 봤다.

아빠: 내가 해 본 아르바이트만 해도 서른 개는 넘는다.

딸: 우아, 그럼 별일 다 겪어 봤겠네요!

아빠: 그럼, 월급 떼먹은 사장 때문에 경찰서까지 간 적도 있었지.

할머니가 오늘 별일  없냐고 물어보았다.

할머니: 얘야, 별일 없으면 떡집에 와서 일 좀 도와주렴.

손자: 저 씻고 밥 먹고 나서 게임할 건데요.

할머니: 허허, 그게 무슨 별일이냐? 얼른 와서 도와!

어휘를 확장해요

비슷한말

별사: 특별히 다른 일.
변: 갑자기 생긴 사고나 이상한 일.
이변: 평소와 다른 이상한 변화나 사건.

반대말

일상: 날마다 반복되는 생활이나 평범한 하루하루.
평상: 특별한 일 없이 보통인 때.

관련 속담

가는 날이 장날: 일을 보러 갔다가 뜻밖의 일을 겪게 되는 상황을 비유한 말.

보람

- 약간 드러나 보이는 표시나 자국.
- 다른 것과 구별하기 위해 해 둔 표시.
- 어떤 일을 하고 나서 느끼는 기쁨이나 뿌듯한 마음.

책을 읽던 곳을 표시하려고 끼워 두는 줄을 '보람줄' 또는 '보람 끈'이라고 해요. 그래서 '보람'은 원래 '표시'나 '표적'을 뜻하는 말이었어요. 그런데 책을 다 읽고 나면 어떤 기분이 드나요? 뿌듯하고 만족스럽지요. 이처럼 보람은 뜻이 넓어져서 어떤 일을 해낸 뒤에 느끼는 기쁨이나 자랑스러움을 의미하게 되었어요. 마음속에 오래 남겨 두고 싶은 소중한 기억이나 좋은 결과, 그것이 바로 보람이에요. 여러분은 어떤 보람을 마음에 담고 있나요?

엄마가 내가 만든 요리를 맛있게 드셔서 **보람**을 느꼈다.

📢 이럴 때 사용해요

비행기를 탈 때는 가방에 보람을 해 두어야 한다.

아내   여행 가방이 다 비슷하게 생겨서, 우리 짐 못 찾을까 봐 걱정이야.

걱정 마. 눈에 잘 띄는 이름표로 보람을 해 뒀잖아.   남편

아내   맞아! 덕분에 금방 찾을 수 있겠네.

선생님은 교사로 일하며 큰 보람을 느낀다고 했다.

학생1   선생님, 저희가 말썽만 피워서 힘드셨죠?

가르치면서 보람도 못 느끼셨을 것 같아요.   학생2

선생님   아니야. 너희를 가르친 시간이 내겐 큰 보람이란다.

📝 어휘를 확장해요

비슷한말
낙: 살아가면서 느끼는 즐거움이나 재미.
만족감: 원하는 대로 잘돼서 기쁘고 흐뭇한 마음.
긍지: 스스로 떳떳하고 자랑스럽게 여기는 마음.

관련 사자성어
금의야행(錦衣夜行): 비단옷을 입고 밤길을 다니는 것처럼, 드러나지 않아 보람이 없는 일을 이르는 말.

관련 속담
씨를 뿌리면 거두게 마련이다: 노력한 일에는 반드시 좋은 결과가 따른다는 뜻.
밑 빠진 독에 물 붓기: 아무리 애써도 소용없는 일이나 보람 없는 일을 이르는 말.

분류

- 종류에 따라 나눔.
- 사물이나 개념을 체계적으로 정리함.

分 나눌 분 類 무리 류

'분류'는 물건을 비슷한 것끼리 나누어 묶을 때 쓰는 말이에요. 예를 들어 가방에 연필, 지우개, 동화책, 교과서가 들어 있어요. 이때 연필과 지우개는 문구, 동화책과 교과서는 책으로 나누는 걸 '분류'라고 해요. 그럼 '분석'은 뭘까요? 분석은 사물을 잘 이해하려고 그것을 이루는 부분을 나누어 살필 때 사용하는 단어예요. "꽃은 꽃잎, 암술, 수술, 꽃받침으로 이루어져 있다"처럼 설명하는 것이 분석이지요.

옷장 속 옷을 계절별로 분류해 정리했다.

일상에서 자주 쓰는 어휘

📢 이럴 때 사용해요

사서는 책을 십진분류법에 따라 정리한다.

이용자   역사책은 어디 있나요?

사서   문학은 800번대, 역사는 900번대예요. 저쪽 책장으로 가 보세요.

이용자   아, 책이 주제별로 분류되어 있군요.

나무를 분류하는 방법은 여러 가지다.

수목학자   잎 모양이 좁으면 침엽수, 넓으면 활엽수예요.

학생   그럼 상록수와 낙엽수는요?

수목학자   사계절 내내 낙엽이 안 지면 상록수, 지면 낙엽수로 분류해요.

📋 어휘를 확장해요

비슷한말

갈래: 하나에서 갈라져 나온 부분.
구분: 기준에 따라 전체를 몇 개로 나눔.
구별: 성질이나 종류에 따라 다르게 나눔.

반대말

종합: 여러 가지를 한데 모아서 합함.

참고 어휘

분석: 복잡한 것을 부분으로 나누어 살펴보는 것.

관련 속담

초록은 동색: 풀색과 녹색이 같듯이, 비슷한 처지끼리 어울린다는 뜻.

비치하다

● 마련하여 갖추어 두다.

備 갖출 비 置 둘 치

'비치하다'는 '갖출 비(備)' 자와 '둘 치(置)' 자를 합친 말이에요. 필요한 물건을 미리 잘 갖추어 두는 걸 뜻해요. 예를 들어 호텔 객실에 수건이나 칫솔을 준비해 두는 일을 가리켜요. 이 말은 사물에만 쓰이고, 사람에게는 쓰지 않아요. 그래서 '인력 비치' '직원 비치'는 틀린 표현이에요. 이럴 땐 '사람이나 물건을 알맞은 자리에 나누어 둔다'는 뜻의 '배치'를 써야 해요. '인력 배치' '직원 배치'처럼 말이지요.

집에 슬러시 기계를 비치해 두는 게 꿈이다.

일상에서 자주 쓰는 어휘

📢 이럴 때 사용해요

화재 예방을 위해 건물에 소화기를 비치했다.

다희 　 새로 지은 건물이라 그런가, 정말 멋지다.

　　　　　　　　　　시설도 좋고, 관리도 잘 하나 봐. 　친구

다희 　 맞아. 소화기도 곳곳에 비치해서 안심이 돼.

선생님은 교실에 학용품을 비치해 두었다.

학생 　 선생님! 색연필을 다 썼는데, 어쩌죠?

　　　　　　색연필은 자주 쓰니까 교실 서랍에 비치해 두었어요. 　선생님

학생 　 역시, 우리 선생님은 정말 꼼꼼하셔.

📋 어휘를 확장해요

비슷한말

갖추다: 꼭 있어야 할 것을 가지거나 차리다.
마련하다: 필요한 것을 미리 준비하거나 갖추다.
구비하다: 빠짐없이 모두 갖추다.
준비하다: 미리 마련하여 갖추다.

관련 사자성어

유비무환(有備無患): 미리 준비하면 걱정할 일이 없다는 뜻.

관련 속담

솥 씻어 놓고 기다리기: 모든 준비를 마치고 기다리는 상황을 이르는 말.

사양

• 겸손한 마음으로 받지 않거나 남에게 양보함.

辭 말씀 사 讓 사양할 양

누군가 베푼 좋은 제안이나 호의가 너무 부담스러우면 정중히 거절하거나 다른 사람에게 양보하고는 하지요? 이런 행동을 '사양'이라고 해요. 우리는 다른 사람을 배려하고 겸손하게 행동하라는 말을 자주 들어요. 사양도 이런 태도와 관련이 있어요. 무조건 거절하는 게 아니라, 상대의 마음을 존중해 조심스럽게 하는 거절이지요. 옛날에는 선물을 받을 때 세 번 사양했다고 하니, 우리 사회에 겸손한 태도가 얼마나 깊이 뿌리내렸는지 알 수 있어요.

이웃 할머니가 심부름값으로 큰돈을 주셔서 한사코 사양했다.

일상에서 자주 쓰는 어휘

이럴 때 사용해요

정중히 사양했지만, 선배가 끝내 밥값을 냈다.

후배: 식사비가 꽤 나왔는데, 나눠서 내는 게 어떨까요?
선배: 아니야, 내가 사고 싶어서 그래. 사양은 거절이야.
후배: 알겠어요. 그럼 다음엔 제가 꼭 대접할게요.

친구의 초대를 사양하기 어려워 결국 참석했다.

나: 가족 모임에 나까지 불러 줘서 고마워.
친구: 사양 말고 편하게 즐겨. 와 줘서 진짜 기뻐.
나: 그럼 고맙게 잘 먹을게.

어휘를 확장해요

비슷한 말
사절: 부탁이나 제안을 받아들이지 않고 물리침.
고사: 권유나 제안을 정중히 사양함.
거절: 상대의 요구나 부탁을 뿌리침.

관련 사자성어
사양지심(辭讓之心): 겸손하게 남에게 양보하는 마음.
겸양지덕(謙讓之德): 겸손하게 남을 존중하며 양보하는 착한 마음씨.

관련 속담
나라가 없어 진상하나: 가진 게 없어서 주려는 게 아니라는 뜻으로, 상대가 사양해도 꼭 주고 싶다는 말.

살림

- 한집안을 이루어 살아가는 일.
- 살아가는 형편이나 경제 상태.
- 집에서 쓰는 여러 가지 물건.
- 나라나 조직의 재산을 관리하는 일.

'살림'은 원래 '절의 재산을 관리한다'는 뜻의 불교 용어였어요. 그런데 지금은 가정을 이루고 살아가는 일, 더 나아가 나라의 경제 형편을 뜻해요. 또 집 안에서 쓰는 여러 가지 물건을 가리킬 때도 써요. 살림과 관련된 말로 '부엉이살림'이 있어요. 자기도 모르게 살림살이가 자꾸 늘어나는 상황을 말해요. 먹이를 닥치는 대로 모아 둥지에 쌓아 두는 부엉이의 습성을 빗댄 말이지요. 집 안에 물건이 쌓일 때 "부엉이살림 같다"라고 해요.

온 가족이 살림을 나눠서 하면 가정이 평화롭다.

일상에서 자주 쓰는 어휘

 이럴 때 사용해요

환율이 오르면서 나라 살림에 경고등이 켜졌다.

기자 　최근 환율이 많이 올랐는데, 어떤 영향이 있습니까?
　　　　　　수입품 물가가 오르면서 정부 살림이 빠듯해졌어요. 　전문가
기자 　나라 살림을 지혜롭게 꾸려 갈 대책이 필요하겠군요.

이모네 신혼집에는 살림이 아주 많다.

조카 　우아, 이모네 집에는 없는 게 없네요!
　　　　　　이모부랑 각자 쓰던 살림을 합쳤더니, 세간이 엄청 늘었어. 　이모
조카 　그래서 그런지 집이 꼭 백화점 같아요!

 어휘를 확장해요

비슷한말

살림살이: 집을 꾸려 가며 살아가는 일.
가계: 한집안의 살림 형편이나 경제 상태.
집안일: 집에서 살면서 해야 하는 여러 가지 일.
세간: 집에서 쓰는 온갖 물건.

관련 속담

살림에는 눈이 보배라: 살림을 잘하려면 눈썰미가 있어야 한다는 말.
살림은 오장 같다: 살림살이는 제 기능을 다하는 배 속 장기처럼 하나하나 잘 맞아야 제대로 돌아간다는 말.

소통

- 막힘없이 잘 통함.
- 서로의 생각이나 마음이 잘 통해 오해가 없음.

疏 소통할 소 通 통할 통

도로에서 꽉 막히던 길이 뚫리면 정말 시원하지요? '소통'은 이렇게 자동차가 막힘없이 달리는 것처럼 잘 통하는 걸 말해요. 이 뜻이 넓어져 사람들 사이에 생각이나 감정, 정보를 주고받으며 서로 이해하는 것도 소통이라고 해요. 친구나 가족과 나누는 문자, 표정, 몸짓도 모두 소통이지요. 소통이 잘되면 오해가 줄고 좋은 관계를 만들 수 있어요.

말이 통하지 않아도 눈빛으로 소통할 수 있다.

📢 이럴 때 사용해요

경찰이 교차로에서 차량 소통을 돕고 있다.

아빠 오늘따라 길이 많이 막히네.

엄마 사고가 나서 도로 소통이 잘 안되나 봐.

아빠 그래도 경찰이 정리해 줘서 다행이야.

하은이는 이민 가는 친구와 SNS로 소통하기로 했다.

친구 나 미국 가면 우리 어떻게 연락하지?

하은 SNS가 있잖아. 실시간으로 소통할 수 있어!

친구 맞아! 얼른 네 SNS 주소 알려 줘.

📋 어휘를 확장해요

비슷한말
교류: 문화나 생각이 서로 통함.

반대말
경색: 막혀서 잘 통하지 않음.

관련 관용구
마음이 통하다: 서로 생각이 같아 잘 이해하다.

관련 사자성어
의사소통(意思疏通): 서로의 생각이나 뜻이 통한다는 뜻.

관련 속담
말 안 하면 귀신도 모른다: 속으로만 생각하지 말고 말로 소통해야 한다는 뜻.

씀씀이

● 돈이나 물건, 마음 등을 쓰는 정도나 태도.

동사 '쓰다'는 '시간이나 돈을 들이다' '다른 사람에게 베풀다'라는 뜻이에요. '씀씀이'는 이 '쓰다'에서 나온 말로, 주로 돈이나 물건을 얼마나 쓰는지를 나타내요. "씀씀이가 헤프다"라고 표현하지요. 또 마음을 베푸는 정도를 말할 때도 써요. "큰어머니는 마음 씀씀이가 넉넉해요"처럼요. 이 표현은 "큰어머니는 통이 크세요"로 바꿔 써도 뜻이 통해요. '통'은 '마음 씀씀이'를 뜻한답니다.

**씀씀이가 커서
용돈을 금방 다 써 버렸다.**

📢 이럴 때 사용해요

아기가 태어난 후부터 씀씀이가 크게 늘었다.

아내: 육아 용품이랑 기저귀값 때문에 이번 달도 적자야.
남편: 아기 덕분에 씀씀이가 늘어난 게 싫지는 않아.
아내: 나도. 뭐든 좋은 걸 해 주고 싶은 게 부모 마음인가 봐.

동네에 마음 씀씀이가 넓은 사람이 있다.

김 씨: 미용실 송 사장이 초등학교에 장학금을 기부했다지?
최 씨: 평소에도 마음 씀씀이가 후하더니, 참 대단해.
김 씨: 그러게. 어려운 이웃도 몰래 돕는다더라.

📝 어휘를 확장해요

비슷한말

용도: 돈이나 물건, 마음 등을 쓰는 정도나 형편.
쓰임새: 쓰임의 정도나 쓰이는 방법.
통: 사람의 마음 씀씀이.
소비: 돈, 물건, 시간, 노력, 힘 등을 써서 없앰.
지출: 돈을 쓰는 일. 또는 그렇게 쓴 돈.

반대말

벌이: 일을 해서 돈이나 재물을 벎.

관련 관용구

손이 크다: 씀씀이가 후하고 넉넉하다.

연장되다

- 시간이나 길이가 본래보다 더 늘어나다.
- 어떤 일이 계속 이어지다.
- 선이 한쪽이나 양쪽으로 더 뻗어 나가다.

延 늘일 연 長 길 장

길이나 시간이 평소보다 길어졌을 때 "노선이 연장되다" "기간이 연장되다"라고 해요. '연장되다'의 반대말은 길이나 시간이 줄어든다는 뜻의 '단축되다'예요. '연장되다'는 어떤 일이 계속 이어질 때도 써요. "집에서 하던 습관이 직장에서도 연장되었다"처럼요. 참고로 '확장되다'는 공간이나 범위가 넓어질 때 쓰는 말이라 '연장되다'와 뜻이 달라요. 헷갈리지 않게 구별해서 써야 해요.

앞으로 평균 기대 수명이 120세까지 **연장된다고** 한다.

일상에서 자주 쓰는 어휘

📢 이럴 때 사용해요

도서관에서 빌린 책의 대출 기한이 연장되었다.

엄마: 도서관 책 반납할 때 됐지?

아이: 아직 다 못 읽었어요. 연장해 주세요.

엄마: 연장 신청했으니 얼른 다 읽으렴.

회사 일이 많아 집에서도 업무가 연장되고 있다.

남편: 여보, 지금 뭐 해? 집에서도 일하는 거야?

아내: 급한 일이 있어서 어쩔 수 없어.

남편: 집에서도 일이 연장되면 금방 지칠 수 있어. 너무 무리하지 마.

📋 어휘를 확장해요

비슷한말

늘어나다: 원래보다 길거나 많아지다.
계속되다: 끊기지 않고 이어지다.
이어지다: 중간에 끊기지 않고 계속되다.
지속하다: 어떤 상태를 오래 계속하다.

반대말

단축되다: 시간이나 길이가 줄어들다.

관련 관용구

낮과 밤이 따로 없다: 쉬지 않고 계속 일하거나 무척 바쁘다.

41

요령

- 가장 중요한 줄거리나 핵심.
- 일을 잘 해내는 방법이나 비결.
- 적당히 넘어가려는 잔꾀.

要 허리 요 領 옷깃 령

"요령 피우지 말고 공부해!"라는 말, 들어 본 적 있나요? 여기서 '요령'은 '대충하려는 잔꾀'를 뜻해요. 꾀부리지 말고 성실히 하라는 말이지요. 요령은 '허리 요(要)' 자와 '옷깃 령(領)' 자에서 왔어요. 허리와 옷깃이 닿는 목 부분은 몸에서 중요한 곳이라, 요령은 '일의 핵심이나 줄거리'를 뜻하기도 해요. 또 경험에서 얻은 방법이나 이치를 가리킬 때도 써요. "요령을 터득하다" "편지 쓰는 요령을 배우다"처럼 쓸 수 있어요.

**수학 시간마다 공부하기 싫다고
슬쩍 요령을 부린다.**

일상에서 자주 쓰는 어휘

📢 이럴 때 사용해요

우리 반 1등은 공부하는 요령을 잘 안다.

승연: 수업 시간에 선생님이 한 말씀을 간추려 놓으면 좋아.

친구: 우아, 넌 진짜 요령이 좋구나.

승연: 너도 해 봐. 중요한 내용을 빠르게 찾을 수 있을 거야.

학교에서 지진 대피 요령을 배웠다.

전문가: 안전모를 쓰고 책상 밑으로 숨는 게 요령이에요.

학생: 엘리베이터 말고 계단으로 이동하는 것도 요령이죠?

전문가: 맞아요. 침착하고 질서 있게 움직이는 것도 중요해요.

📋 어휘를 확장해요

비슷한말

솜씨: 일을 잘하는 능력.
수단: 일을 잘 해결하는 방법이나 꾀.
골자: 이야기나 일에서 중심이 되는 내용.

관련 사자성어

요령부득(要領不得): 말이나 글의 핵심을 잘 파악할 수 없다는 뜻.

관련 속담

난리가 나도 얻어먹고 살겠다: 재주와 꾀가 많아 어려운 상황에서도 잘 살아갈 사람을 뜻하는 말.

이륙하다

● 비행기가 땅에서 떠올라 하늘로 날아오르다.

離 떠날 리(이) 陸 뭍 륙

비행기나 우주선, 로켓, 헬리콥터 등이 땅에서 떠올라 하늘을 날 때 '이륙하다'라고 해요. '떠날 리(離)' 자와 '뭍 륙(陸)' 자를 합친 말로, '땅을 떠난다'는 뜻이에요. 반대말은 '착륙하다'예요. '붙을 착(着)' 자를 써서, 하늘에서 땅으로 내려오는 걸 말해요. 두 어휘는 비행과 관련해 실과 바늘처럼 함께 쓰여요. "이륙할 준비를 마쳤습니다" "곧 착륙합니다"처럼 실제 비행기 방송에서도 자주 들을 수 있어요.

**종이비행기가 이륙하는 순간
가슴이 벅차올랐다.**

이럴 때 사용해요

안개가 많이 껴서 비행기가 언제 이륙할지 모르겠다.

승객 　출발 시간이 한참 지났는데, 왜 아직 이륙하지 않나요?
　　　　　　　　안개가 심해서 이륙 허가가 나지 않았어요. 　승무원
승객 　아, 중요한 일정이 있어 걱정이네요.

드론이 천천히 이륙하며 도시를 촬영하기 시작했다.

조종사 　성능 좋은 드론이라 이륙할 때도 안정적이군요.
　　　　　　　그러게요. 영상도 훨씬 선명하게 나올 것 같아요. 　동료
조종사 　이제 고도를 좀 더 올릴게요.

어휘를 확장해요

비슷한말
비상하다: 높이 날아오르다.

반대말
착륙하다: 비행기 등이 하늘에서 내려와 땅에 닿다.

참고 어휘
활주하다: 항공기가 이착륙하려고 빠르게 달리다.
경유하다: 어떤 곳을 거쳐 가다.

관련 관용구
비행기를 태우다: 남을 지나치게 칭찬하거나 높이 평가하다.

제철

● 어떤 것이 가장 알맞고 좋은 시기.

'제철 음식' '제철 과일'이란 말을 들어 본 적 있나요? '제철'은 '알맞은 시기나 때'를 뜻해요. 동물이 번식하고 농작물이 자라는 데는 저마다 알맞은 시기가 있어요. 수박이 여름에 많이 나고, 낙지가 가을에 많이 잡히는 것도 그때가 제철이기 때문이에요. 제철에 나는 음식은 맛이 좋고 영양도 풍부하며 값도 저렴해요. 무엇보다 제철 음식을 먹으면 그 계절의 매력을 제대로 느낄 수 있어요.

**계절마다 제철 음식을
먹을 생각에 신이 났다.**

일상에서 자주 쓰는 어휘

📢 이럴 때 사용해요

언제부턴가 딸기는 겨울에 먹는 제철 과일이 되었다.

할머니 딸기가 제철도 아닌데 벌써 나왔구나.

　　　　　　　　　　　　예전엔 늦봄이 제철이었죠.　아빠

엄마 요즘은 재배 기술이 좋아져서 제철이 따로 없대요.

봄을 맞아 제철 옷을 사러 백화점에 갔다.

손님 봄에 어울리는 옷 좀 추천해 주세요.

　　　　　　　　화사한 꽃무늬 블라우스가 요즘 제철이에요.　점원

손님 음, 다른 스타일도 볼 수 있을까요?

📝 어휘를 확장해요

비슷한말

철: 알맞은 시기.
당철: 꼭 맞은 시기.
시의적절: 때와 상황에 꼭 알맞음.

관련 속담

봄 조개 가을 낙지: 봄에는 조개, 가을에는 낙지가 제철이라는 뜻으로, 제때를 만나야 제구실을 한다는 말.
가을 상추는 문 걸어 잠그고 먹는다: 가을 상추는 그만큼 맛이 좋다는 뜻.
동지 때 개딸기: 이미 철이 지나서 얻을 수 없는 것을 바란다는 말.

추리하다

- 이미 알고 있는 사실을 바탕으로, 모르는 것을 짐작해 생각하다.
- 철학에서, 어떤 판단을 근거로 삼아 다른 판단을 이끌어 낼 때 쓰는 말.

推 밀 추 理 다스릴 리

명탐정은 단순히 감으로 사건을 해결하지 않아요. 알고 있는 사실과 정보를 바탕으로 논리적으로 생각해, 드러나지 않은 사실까지 짐작하죠. 이렇게 생각하는 과정을 '추리하다'라고 해요. 추리는 여러 단서와 조사 결과를 바탕으로 사건이 일어난 이유나 범인을 밝혀내는 거예요. 하지만 추리는 범죄 수사에만 쓰지 않아요. 수학 문제를 풀 때, 소설이나 영화에서 숨겨진 진실을 알아낼 때도 활용해요.

개코 탐정은 냄새를 맡고 사건을 **추리한다**.

일상에서 자주 쓰는 어휘

📢 이럴 때 사용해요

나는 추리 소설을 읽으면서 범인을 추리하는 게 취미다.

독자: 난 범인이 누군지 추리하는 게 재밌어.
친구: 그럼 지금 읽는 소설에서는 누가 범인 같아?
독자: 초반에 잠깐 나오고 사라진 주인공의 동생이 수상해.

경호는 동생이 삐진 이유가 선물 때문일 거라고 추리했다.

아빠: 경훈이가 왜 삐졌는지 아는 사람?
엄마: 선물을 뜯고 나서부터 표정이 안 좋더라.
경호: 제 추리로는 책 싫어하는 경훈이한테 책을 줘서 그런 것 같아요.

📋 어휘를 확장해요

비슷한말

추측하다: 어떤 사실을 바탕으로 짐작하다.
미루다: 아는 것을 바탕으로 다른 것을 헤아리다.
추론하다: 어떤 근거에서 새로운 생각이나 판단을 끌어내다.
유추하다: 비슷한 성질을 가진 것을 보고 다른 사물이나 현상을 미루어 짐작하다.

반대말

오판하다: 사실을 잘못 판단하다.

관련 사자성어

명견만리(明見萬里): 멀리 앞날까지 내다볼 만큼 판단력이 뛰어나다는 뜻.

편집

• 여러 가지 자료를 모아 하나의 책이나 작품으로 만드는 일.

編 엮을 편　輯 모을 집

'편집'은 '엮을 편(編)' 자와 '모을 집(輯)' 자를 합친 말로, '엮어 모으다'라는 뜻이에요. 글이나 자료를 모아 책을 만들거나, 영상을 이어 붙여 하나의 작품으로 만드는 걸 말해요. 편집할 때는 단순히 모으는 것만이 아니라 주제를 정하고, 내용을 고르고, 어떻게 보여 줄지도 함께 생각하지요. 요즘처럼 책, 영상, 미디어가 많은 시대에는 편집 능력이 더욱 중요하답니다.

영상을 편집하는 기술을 배우고 있다.

일상에서 자주 쓰는 어휘

📢 이럴 때 사용해요

책 편집 과정에서 편집자와 디자이너가 마찰을 빚었다.

편집자: 글과 그림 위치를 바꾸는 건 어떨까요?

디자이너: 1차 편집 때 충분히 상의했잖아요.

편집자: 책이 잘 나오도록 한 번만 더 봐 주세요.

여행 유튜버가 영상을 편집해서 올렸다.

채희: 이 유튜버 영상, 지루하지 않고 재미있어.

친구: 맞아. 깔끔하게 편집해서 더 눈길이 가.

채희: 자막도 맞춤법이 정확해서 배울 점이 많아.

📋 어휘를 확장해요

비슷한말

편찬: 여러 자료를 모아 책으로 만듦.
찬집: 글을 모아 책을 엮음. 또는 그 책.
수집: 필요한 자료를 찾아 모음.
구성: 이야기나 작품을 짜임새 있게 만듦.
배열: 정해진 순서나 자리에 맞게 늘어놓음.

관련 속담

구슬이 서 말이라도 꿰어야 보배: 아무리 훌륭하고 값진 재료라도 다듬고 정리해야 쓸모가 있다는 뜻.
보기 좋은 떡이 먹기도 좋다: 겉모양이 좋으면 더 좋게 느껴진다는 뜻.

갈팡질팡 감명 겉치레 골칫거리 다짜고짜 독촉 돌파구

뒤죽박죽 뚱딴지 버팀목 별안간 본보기 송두리째

수치 엄살 윤곽 응석 잣대 질색 허세

갈팡질팡

• 갈피를 잡지 못하고 이리저리 헤매는 모양.

'갈피'라는 말을 들어 본 적 있나요? '포개진 물건 사이' 또는 '일이 나뉘는 경계'를 뜻해요. 갈피를 잡지 못하는 상황이 바로 '갈팡질팡'이에요. 어디로 가야 할지 모르거나, 무엇을 결정하지 못해 망설이고 불안할 때 쓰는 말이지요. '갈팡'은 '방향을 정하지 못하고 헤매다'라는 뜻의 '갈팡거리다'에서 온 말이에요. '질팡'은 별 뜻 없이 앞말과 리듬을 맞추기 위해 붙인 말이랍니다.

**시험 전날 급하게 공부하니
갈팡질팡 헤맸다.**

의미를 알면 재미있는 어휘

이럴 때 사용해요

산속에서 길을 잃어 갈팡질팡 헤맸다.

등산객: 이런, 여기는 아까 왔던 길이잖아.
친구: 우리 갈팡질팡 헤매다가 조난당하는 거 아니야?
등산객: 일단 침착하게 지도부터 다시 보자.

경찰은 사건의 수사 방향을 잡지 못한 채 갈팡질팡했다.

기자: 수사 방향이 뚜렷하지 않은데, 뭐가 문제인가요?
경찰: 아직 결정적인 증거를 찾지 못해서 갈팡질팡하고 있습니다.
기자: 그래서 수사도 더디게 진행되고 있군요.

어휘를 확장해요

비슷한말
우왕좌왕: 어쩔 줄 몰라 왔다 갔다 하는 모습.
헤매다: 길이나 방향을 몰라 이리저리 돌아다니다.
쩔쩔매다: 어려운 상황에서 어떻게 해야 할지 몰라 당황하다.

관련 관용구
갈피를 못 잡다: 어떻게 해야 할지 몰라 판단이 서지 않는다.

관련 사자성어
오리무중(五里霧中): 앞이 안 보이는 안개 속처럼, 어떤 일의 방향이나 답을 찾기 어려운 상태를 뜻하는 말.

감명

• 깊이 감동하여 마음에 오래 남는 느낌.

感 느낄 감 銘 새길 명

좋은 책이나 애니메이션을 보면 마음이 울컥하고 감정이 벅차올라요. 이 감정은 잠깐으로 끝나지 않고 오래도록 남아서, 가슴을 두근거리게 하거나 어떤 장면을 떠올리며 미소 짓게 하지요. 이렇게 '마음 깊이 새겨지는 큰 감정'을 '감명'이라고 해요. 감명은 오랫동안 마음속에 남아 우리에게 깊은 영향을 줘요. 반면, '감동'은 순간적으로 마음이 움직이는 거예요. 감동이 쌓이면 결국 감명으로 이어지기도 하지요.

《아낌없이 주는 나무》를 읽고 **감명**받았다.

의미를 알면 재미있는 어휘

이럴 때 사용해요

학예회 합창 공연을 보며 감명을 받았다.

화진: 반별 합창 공연 진짜 잘하지 않았어?

친구: 연습 땐 안 맞아서 걱정했는데 무대에선 다들 잘했어.

화진: 학예회 공연이 이렇게 감명 깊을 줄 몰랐어!

자매의 모습이 깊은 감명을 주었다.

동생: 영화 속 자매, 어땠어?

언니: 서로 도와 가며 꿈을 이루는 모습이 감명 깊더라.

동생: 우리도 그렇게 사이좋게 지내자!

어휘를 확장해요

비슷한말

감동: 강하게 느끼어 마음이 움직임.
감격: 마음 깊이 크게 감동함.
감흥: 마음속 깊이 감동해 즐거운 느낌이 드는 것.
인상: 어떤 모습이나 말 등이 마음에 남는 느낌.

관련 사자성어

감개무량(感慨無量): 마음속 감동이 너무 커서 말로 다 표현할 수 없다는 뜻.

관련 속담

지성이면 감천: 정성을 다하면 하늘도 감동해서 어려운 일도 잘 풀린다는 뜻.

겉치레

● 겉만 보기 좋게 꾸미어 드러냄.

'겉치레'는 겉으로만 보기 좋게 꾸미는 거예요. 여기서 '-치레'는 '겉으로 꾸미는 일'이라는 뜻의 접미사예요. 비슷한말로 '눈치레'가 있는데, '눈에 보이는 것만 꾸민다'는 뜻이에요. '-치레'가 붙은 다른 말에는 '인사치레'와 '말치레'도 있어요. '인사치레'는 마음 없이 하는 인사, '말치레'는 알맹이 없이 꾸며서 하는 말이에요. "언제 밥 한번 먹자"처럼 말만 하고 지키지 않으면 인사치레이자 말치레예요.

친구의 선물은 포장만 번지르르해서 겉치레가 심했다.

이럴 때 사용해요

소개팅에서 만난 사람이 겉치레로 인사했다.

유리   오늘 소개팅으로 만난 사람이 나한테 예쁘다고 했어.

친구   너는 겉치레로 하는 말을 곧이곧대로 믿니?

유리   하긴, 딱 예의만 갖춘 느낌이긴 했어.

이사 갈 집이 겉치레만 화려했지 구석구석 낡았다.

엄마   베란다에 곰팡이가 피었고 창문도 잘 안 닫혀.

아빠   이런, 겉치레만 신경 쓴 집이었구나.

아들   속은 엉망인데 겉만 화려했네요.

어휘를 확장해요

비슷한말
눈치레: 보기 좋게 겉만 꾸밈.
포장: 실제보다 좋아 보이게 꾸밈.

반대말
속치레: 속을 알차게 잘 꾸밈.

관련 사자성어
허례허식(虛禮虛飾): 형편에 맞지 않게 겉모습만 꾸민 예절이나 행동을 이르는 말.

관련 속담
빛 좋은 개살구: 겉은 그럴듯해 보이지만 속은 별로라는 뜻.
속 빈 강정: 겉만 멀쩡하고 속은 텅 비었다는 뜻.

골칫거리

- 처리하기 힘들고 성가신 일.
- 말썽만 피워 늘 애태우게 하는 사람이나 사물.

'골칫거리'는 '머리'를 뜻하는 '골치'와 '~할 만한 재료'를 뜻하는 접미사 '-거리'를 합친 말이에요. 머리가 아플 만큼 골치 아픈 문제나 대상을 말하지요. 골칫거리는 일이 될 수도 있고, 사람이 될 수도 있어요. 비슷한말로는 '골칫덩이' '두통거리' '애물단지'가 있어요. 가끔 발음대로 '골치꺼리'라고 쓰기도 하지만, 바른 말은 '골칫거리'예요. 꼭 기억해 두세요.

3년째 백수인 삼촌은 할머니의 골칫거리다.

의미를 알면 재미있는 어휘

이럴 때 사용해요

공동 주택에서 층간 소음은 늘 골칫거리다.

아빠: 윗집에서 또 쿵쿵거리기 시작했어.

엄마: 조심해 달라고 말했는데도 여전하네. 정말 골칫거리야.

딸: 관리 사무소에 말해 볼까요?

우리 반 골칫거리였던 강태가 하루아침에 변했다.

맹구: 강태, 갑자기 왜 착해진 거야?

친구: 좋아하는 애가 "골칫거리는 싫어"라고 했다더라.

맹구: 우아, 사랑의 힘이네!

어휘를 확장해요

비슷한말

걱정거리: 걱정이 되는 일.
말썽꾸러기: 자주 문제를 일으키는 사람.
애물단지: 애를 태우거나 걱정만 끼치는 사람이나 물건.

관련 관용구

두통을 앓다: 골칫거리 때문에 생각이 복잡하고 괴롭다.

관련 속담

앓던 이 빠진 것 같다: 걱정거리가 사라져서 속이 시원하다는 뜻.
세 살 적 버릇이 여든까지 간다: 어릴 때 버릇은 쉽게 고쳐지지 않으니 어려서부터 바르게 길러야 한다는 말.

다짜고짜

● 앞뒤 사정은 생각하지 않고 갑자기 행동하는 모습.

어떤 일이 생기면 보통 그 일이 왜 일어났는지 먼저 알아보는 게 순서예요. '다짜고짜'는 '앞뒤 사정을 따지지 않고 갑자기'라는 뜻이에요. 상황을 살피지 않고 말하거나 행동할 때 자주 써요. 친구가 아무 말 없이 갑자기 부탁하거나 화낼 때 "다짜고짜 그러면 어떡해!"라고 말할 수 있어요. 비슷한말로 '막무가내'가 있어요. 하지만 '막무가내'는 다른 사람 말은 들으려 하지 않고 억지를 부릴 때 더 자주 써요.

전학생이 나를 보자마자 다짜고짜 사귀자고 했다.

의미를 알면 재미있는 어휘

 이럴 때 사용해요

경찰이 자초지종을 듣지도 않고 사람을 다짜고짜 체포했다.

행인: 저는 사고랑 아무 관계 없는데, 다짜고짜 잡아가면 어떡해요?

경찰: 그럼 소매치기범을 왜 만났습니까?

행인: 중고 물건 산다고 해서 만났다고요!

동창이 다짜고짜 돈을 빌려 달라고 했다.

동창: 야, 나 돈 좀 빌려줘. 급해서 그래.

친구: 20년 만에 만나서 다짜고짜 돈부터 빌려 달라니.

동창: 미안. 말 못 할 사정이 있어. 일단 도와줘.

 어휘를 확장해요

비슷한말
무작정: 미리 생각하거나 정한 계획 없이.
무턱대고: 이유나 계획 없이 아무렇게나.
무조건: 아무 조건 없이.

관련 관용구
앞뒤를 가리지 않다: 신중히 생각하지 않고 행동하다.

관련 사자성어
막무가내(莫無可奈): 아무 말도 듣지 않고 고집을 부린다는 뜻.

관련 속담
콩이 팥이라고 우긴다: 사실이 아닌 것을 억지로 주장한다는 뜻.

독촉

- 어떤 일을 빨리하라고 자꾸 재촉함.
- 세금이나 돈을 기한 안에 내라고 알림.

督 감독할 독 促 재촉할 촉

'독촉'은 '감독할 독(督)' 자와 '재촉할 촉(促)' 자를 합친 말이에요. 어떤 일을 잘 살펴서 빨리하라고 재촉한다는 뜻이에요. '독촉장'은 빚을 갚거나 서류를 내기로 한 날이 지났을 때, 약속을 지키라고 요구하는 문서예요. 비슷한말로는 '재촉' '촉구' '채근'이 있어요. 참고로 '독려'는 잘하라고 격려하는 말이에요. 다그치는 '독촉'과 의미가 조금 달라요.

친구가 게임기를 돌려 달라고 독촉했다.

 이럴 때 사용해요

숙제를 제출하라는 독촉에 학생들이 부담을 느꼈다.

선생님: 얘들아, 숙제 얼른 제출해야 한다!
학생1: 아직 기한도 남았는데, 왜 이렇게 독촉하실까?
학생2: 맞아. 자꾸 독촉하시니까 더 부담돼.

도서관에서 독촉 문자가 왔다.

친구: 무슨 문자길래 표정이 안 좋아?
준수: 도서관에서 온 독촉 메시지야. 책 반납일이 지났나 봐.
친구: 얼른 갖다줘야겠다.

 어휘를 확장해요

비슷한말

재촉: 빨리하라고 조름.
촉구: 급하게 요구하며 재촉함.
채근: 따지듯이 계속 요구하거나 재촉함.

참고 어휘

독려: 지켜보며 격려함.
채찍질: 더 열심히 하라고 다그치거나 북돋는 일을 비유한 말.

관련 속담

가는 말에 채찍질: 이미 열심히 하고 있는데 더 재촉한다는 뜻.

돌파구

- 막혀 있던 길을 뚫고 나아갈 수 있게 만든 통로.
- 어려운 상황이나 위기를 해결할 수 있는 실마리.

突 갑자기 돌 破 깨뜨릴 파 口 입 구

전쟁을 할 때는 언제든 적과 싸울 수 있도록 돌이나 흙을 쌓고 여러 장비를 갖춘 진지를 만들어요. 진지 한쪽에는 밖으로 나갈 수 있는 길을 만들어 두는데, 이것을 '돌파구'라고 해요. 한자 그대로 '갑자기 깨뜨려 열린 구멍'이라는 의미예요. 적의 방어를 뚫고 나갈 길이지요. 그래서 '돌파구'는 어려운 상황을 풀 수 있는 실마리나 빠져나갈 길이라는 뜻으로도 쓰여요.

상대의 강한 수비에 막혀
돌파구가 안 보인다.

의미를 알면 재미있는 어휘

 이럴 때 사용해요

제갈량의 지략은 전쟁에서 돌파구 역할을 했다.

주유: 북서풍이 부는 지금, 화공 작전은 너무 위험하오.

제갈량: 곧 동남풍이 불 터이니, 조조를 무찌를 돌파구가 될 것이오.

주유: 바람까지 내다보다니…. 과연 제갈량이오!

유전자 연구를 통해 암 치료의 새로운 돌파구를 마련했다.

연구자1: 연구 프로젝트는 어떻게 돼 가나요?

연구자2: 지난 1년간 열심히 실험한 끝에 돌파구를 찾아냈어요.

연구자1: 드디어 희망이 보이네요.

어휘를 확장해요

비슷한말
출구: 어떤 상황에서 빠져나갈 수 있는 길.
실마리: 문제를 풀 수 있는 단서나 시작점.
해결책: 문제를 잘 풀어낼 방법.

관련 사자성어
전화위복(轉禍爲福): 나쁜 일이 오히려 좋은 결과로 바뀐다는 뜻.

관련 속담
호랑이에게 물려 가도 정신만 차리면 산다: 아무리 어려운 상황이어도 정신만 똑바로 차리면 이겨 낼 수 있다는 뜻.
하늘이 무너져도 솟아날 구멍은 있다: 힘든 일이 생겨도 해결할 방법은 있다는 말.

뒤죽박죽

● 여러 가지가 뒤섞여서 엉망이 된 상태.

'뒤죽박죽'은 조선 시대 22대 왕 정조가 신하에게 보낸 편지에 처음 등장해요. 당시엔 당파 싸움이 심하던 시기였는데, 정조는 신하들을 꾸짖으며 한글로 '뒤죽박쥭'이라고 썼다고 해요. 이 말이 정확히 어떻게 만들어졌는지는 알 수 없지만, 정조의 편지 내용을 보면 '여러 가지가 뒤섞여서 엉망이 된 상태'를 뜻한다는 걸 짐작할 수 있어요. '뒤죽박죽'이라는 말만 들어도 마치 죽이 이리저리 섞여 있는 모습이 떠오르지 않나요?

**벼락치기로 공부해서
기억이 뒤죽박죽이다.**

🔊 이럴 때 사용해요

좋아하는 아이 생각에 머릿속이 뒤죽박죽이다.

병훈: 요즘 세나 생각에 공부가 하나도 안 돼.

친구: 넌 원래 공부 안 했잖아.

병훈: 에이, 내 마음 더 뒤죽박죽으로 만들지 마.

도둑이 들어 집 안이 뒤죽박죽이다.

신고자: 제가 여행 간 사이에 도둑이 든 것 같아요.

경찰: 잃어버린 물건이 있으신가요?

신고자: 집이 너무 뒤죽박죽이라 뭐가 없어졌는지 모르겠어요.

📋 어휘를 확장해요

비슷한말
뒤범벅: 이것저것 뒤섞여서 구분되지 않는 상태.
엉망: 물건이나 장소, 기분 등이 지저분하거나 어지러운 상태.
혼란하다: 질서 없이 어지럽고 복잡하다.

반대말
가지런하다: 어긋남 없이 잘 정돈된 상태.
단정하다: 모습이나 상태가 말끔하고 정리된 모습.

관련 사자성어
쾌도난마(快刀亂麻): 잘 드는 칼로 헝클어진 실을 싹둑 자르듯, 복잡한 문제를 시원하게 해결한다는 뜻.

뚱딴지

- 고집이 세고 무뚝뚝한 사람을 놀림조로 이르는 말.
- 행동이나 생각이 너무 엉뚱한 사람.
- 심술 난 것처럼 뚱해서 붙임성이 없는 사람.

'뚱딴지'는 '돼지감자'라고도 불리는 국화과 식물이에요. 위로는 노란 키다리꽃이 피고, 땅속에는 감자처럼 울퉁불퉁한 덩이줄기가 자라요. 이 줄기는 제멋대로 뻗어 엉뚱한 곳에 싹을 틔워서 '뚱딴지'라는 이름이 붙었어요. 처음에는 '무뚝뚝하고 고집 센 사람'을 놀릴 때 쓰였지만, 요즘은 '엉뚱하게 행동하는 사람'을 뜻하는 말로 자주 써요. 말이나 행동이 엉뚱할 때 "뚱딴지같다"고 해요.

텃밭에서 감자를 보더니 뚱딴지같은 소리를 한다.

의미를 알면 재미있는 어휘

할머니가 시무룩한 동생에게 **뚱딴지**라고 했다.
할머니: 우리 강아지, 왜 뚱딴지처럼 뚱해 있니?
동생: 요즘 살이 쪄서 속상해요. 밥을 굶을까요?
할머니: 아이고, 그런 뚱딴짓소리 말거라. 밥 잘 먹고 쑥쑥 커야지!

민준이는 발표 시간에 갑자기 **뚱딴지**같은 말을 했다.
선생님: 자, 이제 지구 온난화에 대해 발표해 볼까요?
민준: 저는 외계인이 지구를 데우고 있다고 생각해요!
친구: 또 뚱딴지같은 소리 하네!

비슷한말
엉터리: 터무니없는 말이나 행동. 또는 그런 사람.
뜬금없다: 갑자기 엉뚱하게 튀어나와 앞뒤가 맞지 않다.

반대말
조리: 말이나 글 또는 일이나 행동 등이 앞뒤가 맞고 논리적인 것.

참고 어휘
터무니: 말이나 행동에 대한 근거나 이유.

관련 속담
귀신 씻나락 까먹는 소리: 말도 안 되는 엉뚱하고 쓸데없는 말.
자다가 봉창 두드린다: 단잠 자는 새벽에 남의 집 창문을 두드려 놀라게 하는 것처럼, 갑자기 엉뚱한 말이나 행동을 한다는 뜻.

버팀목

- 물건이 쓰러지지 않도록 받쳐 주는 나무.
- 힘들 때 기대고 의지할 수 있는 존재를 비유한 말.

木 나무 목

길을 걷다가 가로수를 지탱하는 긴 나무 막대기를 본 적 있나요? 나무가 비바람에 쓰러지지 않고 곧게 자라도록 도와주는 거예요. 이처럼 물체를 받쳐 주는 딱딱한 막대를 '버팀목' 또는 '버팀나무'라고 해요. 어려움에도 굴하지 않고 힘든 시간을 견디게 해 주는 존재를 빗댄 말이기도 하지요. 언제나 우리를 아껴 주고 응원해 주는 부모님과 이웃이 바로 그런 버팀목이에요.

가수가 텔레비전에 나와 자신에게 힘이 된 **버팀목**을 소개했다.

의미를 알면 재미있는 어휘

 이럴 때 사용해요

공원에 있는 소나무 주변에 버팀목을 세웠다.

동생: 소나무 밑에 왜 막대기를 기대 놨어?
형: 소나무가 휘지 말고 곧게 자라라고 버팀목을 세운 거야.
동생: 내가 잘 자라도록 형이 버팀목이 되어 주는 것처럼?

안중근 의사의 정신적 버팀목은 어머니였다.

어머니: 나라를 위한 길이라면, 망설이지 말거라.
안중근: 어머니, 당신은 제 든든한 버팀목이십니다.
어머니: 네가 옳은 일을 했으니, 어미는 그것으로 충분하단다.

어휘를 확장해요

비슷한말
지주: 물건이 쓰러지지 않게 바치는 기둥. 또는 마음을 기대고 의지할 수 있는 존재나 힘.
버팀돌: 물건이 넘어지거나 미끄러지지 않게 괴어 놓는 돌. 또는 힘든 상황을 견디게 해 주는 사람이나 사물.
기둥: 무게를 버티기 위해 밑에서 위로 세운 나무나 구조물.

관련 사자성어
동고동락(同苦同樂): 괴로움도 즐거움도 함께 나눈다는 뜻.

관련 속담
기둥을 치면 대들보가 운다: 중심을 건드리면 주변도 영향을 받는다는 뜻.

별안간

● 갑작스럽게 어떤 일이 일어나는 아주 짧은 순간.

瞥 깜짝할 별　眼 눈 안　間 사이 간

'별안간'은 '깜짝할 별(瞥)' 자, '눈 안(眼)' 자, '사이 간(間)' 자로 이루어진 말이에요. '눈 깜짝할 사이'라는 뜻이지요. 아주 짧은 순간, 갑자기 일이 벌어질 때 '별안간'이라는 말을 써요. 너무 갑작스러워서 미처 생각할 틈도 없이 당황하는 순간이지요. "별안간 문이 열리더니 누군가 들어왔다"처럼 쓸 수 있어요. 비슷한말로는 '느닷없이' '불현듯'이 있어요.

연예인이 별안간 눈앞에 나타나서 깜짝 놀랐다.

 의미를 알면 재미있는 어휘

📢 이럴 때 사용해요

맑았던 하늘에서 별안간 천둥 번개가 쳤다.

학생1: 방금 하늘 번쩍거리는 거 봤어?

학생2: 응. 번개 치고 바로 천둥소리도 들렸어.

학생1: 날씨가 별안간 변했어. 우산도 없는데 큰일이다!

선생님이 학교 방송으로 별안간 내 이름을 불렀다.

선생님: 아아, 2학년 1반 김재영 학생, 교무실로 오세요.

짝꿍: 왜 별안간 너를 부르지? 사고 쳤어?

재영: 아니야. 진짜 아무 일도 없었는데….

📝 어휘를 확장해요

비슷한말

순식간: 눈을 깜짝할 사이처럼 아주 짧은 시간.
삽시간: 어떤 일이 아주 빠르게 지나가는 짧은 시간.
찰나: 불교에서 아주 짧은 시간을 나타내는 말.
느닷없이: 예고 없이 갑자기.
불현듯: 어떤 일이 갑자기 떠오르거나 일어나는 모양.

관련 속담

하늘로 올라갔나 땅으로 들어갔나: 갑자기 흔적 없이 사라진 것을 이르는 말.
사람 팔자 시간문제: 사람의 운명은 순식간에 바뀔 수 있다는 뜻.

본보기

本 근본 본

- 다른 사람이 보고 배울 수 있도록 내세우는 좋은 대상.
- 설명하거나 증명하기 위해 대표로 보여 주는 것.
- 어떤 조치를 하기 위해 대표로 내세운 것.
- 상품의 상태를 알 수 있도록 미리 보여 주는 물건.

'본보기'는 '근본 본(本)' 자와 '대표로 보이는 것'을 뜻하는 '보기'를 합친 말이에요. 누군가를 설득하려면 가장 기본이 되는 좋은 예를 들어야 해요. 근거가 약하거나 별로 훌륭하지 않으면 본보기가 되기 어려워요. 이순신 장군처럼 존경받는 인물이 본보기가 되기도 하고, 모두가 인정하는 지식이나 진리, 좋은 물건이 본보기가 되기도 해요. 또한 이 말은 '예시'나 '보기'라는 뜻으로도 쓰여요.

어른은 어린이에게 좋은 **본보기**가 되어야 한다.

의미를 알면 재미있는 어휘

 이럴 때 사용해요

선생님이 2반 회장을 본보기로 벌주었다.

3반 아이: 너희 반 회장이 무슨 잘못을 했길래 그래?

2반 아이: 반 애들 다 떠들었는데, 회장만 본보기로 혼났어.

3반 아이: 회장이 무슨 죄람. 너무 억울하겠다.

진열대에 화사한 봄옷이 본보기로 놓여 있다.

점원: 올봄에 유행할 신상품입니다.

손님: 여기 본보기는 비싸 보이네요. 세일 상품도 있나요?

점원: 안쪽 매대에 본보기보다 저렴한 옷들도 있습니다.

 어휘를 확장해요

비슷한말

귀감: 본받을 만한 모범.
표본: 본보기로 보여 주는 대표적인 것.

관련 관용구

본보기를 내다: 본보기가 될 물건을 만들거나, 잘못한 사람을 벌줘서 다른 사람이 따라 하지 않게 하다.

관련 사자성어

일벌백계(一罰百戒): 한 사람을 본보기로 벌주어 여러 사람이 같은 잘못을 하지 않게 한다는 뜻.
솔선수범(率先垂範): 남보다 앞장서서 행동해 다른 사람의 모범이 된다는 뜻.

송두리째

○ 있는 것을 빠짐없이 모두.

'송두리'는 '있는 것 전부'라는 뜻의 순우리말이에요. 여기에 '그대로' 또는 '전부'라는 뜻의 접미사 '-째'를 더해 '송두리째', 즉 '하나도 빠짐없이 모두'라는 의미가 되었어요. 가끔 '송두리채'라고 쓰는 경우가 있는데, 이는 잘못된 말이에요. '채'는 "토끼를 산 채로 잡다"처럼 어떤 상태 그대로 있음을 나타내는 말이에요. '송두리째'는 무언가를 통째로 잃거나 없앨 때 자주 써요.

한 번의 실수로 좋은 이미지가 송두리째 날아갔다.

의미를 알면 재미있는 어휘

 이럴 때 사용해요

한밤중에 일어난 산불로 마을이 송두리째 불탔다.

기자: 불은 언제부터 시작되었나요?

목격자: 새벽쯤부터요. 불길이 순식간에 마을을 뒤덮었어요.

이재민: 산불로 삶의 터전이 송두리째 사라졌습니다.

전학 온 아이를 보자마자 마음을 송두리째 빼앗겼다.

수연: 어제 온 전학생 너무 멋있지 않니?

친구: 응, 반 애들이 그 아이 얘기만 하던데?

수연: 내 마음을 송두리째 가져가 버렸어.

어휘를 확장해요

비슷한말

모조리: 빠짐없이 전부.
몽땅: 있는 대로 모두.
온통: 전부 다.
싹쓸이: 남김없이 모두 차지하거나 없애는 일.

관련 관용구

씨를 말리다: 남김없이 없애 버리다.

관련 사자성어

일망타진(一網打盡): 한 번 그물을 쳐서 고기를 다 잡듯이, 한꺼번에 모두 잡거나 없앤다는 뜻.

수치

● 너무 부끄러워 스스로 떳떳하지 못한 상태나 그런 일.

羞 부끄러울 수 恥 부끄러울 치

매우 창피하고 부끄러운 감정을 '수치'라고 해요. 그런 마음을 느끼는 것이 '수치심'이에요. 예부터 사람들은 부끄러움을 아는 태도를 중요하게 여겼어요. 옳지 못한 일을 깨닫고 반성하는 마음이기 때문이에요. 이렇게 수치를 아는 마음을 '염치'라고 해요. 반대로 부끄러움도 모른 채 뻔뻔하게 행동하는 것을 '몰염치'나 '파렴치'라고 하지요. 그런 사람을 '철면피' 또는 '파렴치한'이라고 부른답니다.

**오늘의 수치와 모욕을
절대 잊지 않기로 다짐했다.**

의미를 알면 재미있는 어휘

 이럴 때 사용해요

부끄러운 행동을 보면 내가 다 수치스럽다.

유나: 시험지 훔쳐보는 거, 선 넘는 행동 아니야?

친구: 들키지만 않으면 되지, 뭐.

유나: 정말 뻔뻔하다. 수치스럽지도 않니?

수치를 모르는 사람은 남의 시선을 신경 쓰지 않는다.

청년: 아저씨, 차례를 지키셔야죠. 새치기하면 어떡합니까?

아저씨: 내가 아까부터 마음속으로 줄 서고 있었어.

청년: 수치를 모르면 창피함도 없나 보군요.

 어휘를 확장해요

비슷한말

창피: 체면이 깎여서 매우 부끄러운 마음.
부끄러움: 창피하거나 떳떳하지 못한 마음.
염치: 체면을 지키고 부끄러움을 아는 마음.

반대말

몰염치: 부끄러운 줄 모름.
파렴치: 염치를 모르고 뻔뻔스러움.
철면피: 얼굴이 쇠로 된 것처럼 부끄러움을 모르고 뻔뻔한 사람을 이르는 말.

관련 사자성어

후안무치(厚顔無恥): 뻔뻔스러워 부끄러움이 없음.
수오지심(羞惡之心): 잘못된 일을 부끄러워하고 미워하는 바른 마음.

엄살

● 아픔이나 괴로움을 거짓으로 꾸미거나 실제보다 과장해서 나타냄. 또는 그런 태도.

모기한테 물렸는데 큰일이라도 난 것처럼 아파하거나, 가볍게 넘길 일을 지나치게 힘들어하는 사람이 있어요. 진짜 아프거나 괴로울 수도 있지만, 실제보다 훨씬 과장한 행동일 때도 있어요. 이런 것을 '엄살'이라고 해요. 엄살은 힘든 걸 알아 달라는 표현이거나, 문제를 대신 해결해 달라는 뜻일 수도 있어요. 하지만 자주 엄살을 부리면 습관이 되기 쉬우니, 정말 힘들 때와 그렇지 않을 때를 잘 구분해야 해요.

주사를 맞는 내내 엄살을 부렸다.

의미를 알면 재미있는 어휘

 이럴 때 사용해요

동생이 감기에 걸렸다며 엄살을 피웠다.

동생: 엄마, 저 목도 아프고 머리도 아파요.
엄마: 열은 없는데, 꾀병은 아니지?
동생: 제가 평소에 엄살이 심하긴 하지만 이번엔 진짜거든요!

유명 맛집 사장이 장사가 안된다며 엄살을 부렸다.

손님: 사장님, 장사가 잘돼서 좋으시죠?
사장: 아휴, 임대료에 인건비까지 내면 남는 게 없어요.
손님: 1년 365일 줄 서는 집인데 엄살이 심하시네요.

📋 어휘를 확장해요

비슷한말

죽는시늉: 별로 아프지 않으면서 심하게 아픈 척하는 몸짓.
우는소리: 엄살을 부리며 곤란한 사정을 늘어놓는 말.
엄살떨다: 엄살을 심하게 부리다.
엉엉하다: 크게 울거나 엄살을 부리며 하소연하다.
하소연하다: 억울하거나 힘든 일을 다른 사람에게 말하다.

관련 관용구

앓는 소리: 일부러 힘든 척하며 하소연하는 말.

관련 사자성어

침소봉대(針小棒大): 바늘같이 작은 일을 몽둥이처럼 크게 부풀려 말한다는 뜻.

83

윤곽

- 일이나 사건의 전체적인 줄거리.
- 사물이나 모습의 테두리나 대강의 모습.

輪 바퀴 륜(윤) 廓 둘레 곽

'윤곽'은 한자로 '둥근 테두리'란 뜻이에요. 물체의 테두리를 선으로 그으면 전체 모양이 드러나요. 이 모양이 '윤곽'이고, 그 선은 '윤곽선'이에요. 윤곽은 겉모양뿐 아니라 '어떤 일의 전체적인 모습'을 나타낼 때도 써요. 예를 들어 "사건의 윤곽이 드러났다"라고 하면, 그 사건이 왜, 어떻게 일어났는지 대략 알게 되었다는 뜻이에요. 글을 쓸 때도 먼저 윤곽을 잡으면 내용을 정리하기 더 수월하답니다.

생선 절도 사건의 윤곽이 드러났다.

📢 이럴 때 사용해요

소설가는 소설의 윤곽을 잡지 못해서 괴로웠다.

편집자: 작가님, 차기작은 어떻게 되어 가고 있나요?

소설가: 주제를 어떻게 풀어야 할지 윤곽조차 못 잡았어요.

편집자: 그럴 땐 잠깐 바람 좀 쐬시면 어때요?

목격자는 범인의 얼굴 윤곽을 기억하고 있었다.

형사: 범인의 몽타주를 그려야 하니 얼굴 생김새를 말씀해 주세요.

목격자: 턱이 네모지고 얼굴 윤곽이 뚜렷했어요.

형사: 좋아요. 윤곽부터 잡아서 그려 보겠습니다.

📋 어휘를 확장해요

비슷한말
테두리: 둘레의 가장자리.
둘레: 사물의 테두리나 바깥 언저리.
겉모양: 겉으로 보이는 모양.
개요: 간단하게 정리한 주요 내용.

반대말
세부: 자세하고 작은 부분.

관련 속담
나무를 보고 숲을 보지 못한다: 작은 일이나 부분만 보면 전체적인 흐름이나 윤곽을 보지 못한다는 말.

응석

● 어른이 귀여워해 주는 걸 믿고 떼를 쓰거나 버릇없이 구는 일.

어른 눈에는 어린아이가 무엇을 해도 귀엽게 보이기 마련이에요. 그래서 아이가 재롱을 부리면 즐거워하고, 고집을 부리거나 떼를 써도 웬만하면 다 받아 주지요. 아이가 어른의 사랑을 믿고 버릇없이 구는 행동을 '응석'이라고 해요. 이런 아이를 '응석받이'나 '응석둥이'라고 부르지요. 하지만 응석을 자주 부리면 버릇이 될 수 있어요. 때로는 스스로 해 보려는 마음도 필요해요.

아이가 마트에서 장난감을 사 달라고 응석을 부렸다.

의미를 알면 재미있는 어휘

 이럴 때 사용해요

어렸을 때 아빠는 응석을 엄청나게 부렸다고 한다.

손녀 할머니, 아빠는 어렸을 때 어땠어요?

아휴, 응석이 심해서 키우는 데 애를 먹었단다. 할머니

아빠 에이, 저처럼 예의 바른 아이가 어디 있었다고요?

응석이 심한 아이는 시도 때도 없이 잘 운다.

엄마 우리 아이는 응석이 심한데 툭하면 울기부터 해서 난감해.

조금 단호하게 대해 봐. 울음이 효과가 없다는 걸 알게 될걸. 친구

엄마 맞아. 응석을 내버려두면 버릇이 될 것 같아.

어휘를 확장해요

비슷한말
어리광: 귀여움을 받으려고 어린아이처럼 굴거나 장난스럽게 행동하는 일.
투정: 무엇이 모자라거나 못마땅하여 떼를 쓰며 조르는 행동.

참고 어휘
오냐오냐하다: 아이의 어리광이나 떼를 다 받아 주다.

관련 속담
응석으로 자란 자식이라: 부모가 응석을 다 받아 주며 키운 자식이라는 뜻으로, 버릇없이 자기 욕심만 내세우는 사람을 비유한 말.
막내둥이 응석 받듯: 무슨 말을 해도 그냥 다 받아 주는 태도를 이르는 말.

잣대

- 길이를 재는 데 쓰는 자 모양의 막대기.
- 어떤 일이나 문제를 판단할 때 기준이 되는 생각.

'자'는 우리나라의 전통적인 길이 단위예요. 한 자는 약 30센티미터지요. 옛날에 옷감을 파는 포목점에서는 손님이 원하는 길이만큼 천을 잘라 팔았어요. 이때 눈금이 표시된 막대로 길이를 쟀는데, 이 막대가 바로 '잣대'예요. 길이를 재던 잣대는 점점 '어떤 일이나 문제를 판단할 때 쓰는 기준'이란 뜻으로 쓰게 되었어요. 길이를 재던 잣대가 마음이나 생각을 재는 기준이 된 거예요.

선생님은 우리를 다른 잣대로 평가한다.

이럴 때 사용해요

엄마가 형과 나를 엄격한 잣대로 평가했다.

나: 엄마, 왜 또 형이랑 비교해요?

엄마: 형은 숙제도 다 끝냈고 방도 깨끗하잖아. 너는 왜 아직이니?

나: 엄마 잣대는 항상 형한테 맞춰져 있는 것 같아요!

사람들은 성공의 잣대를 돈으로 보는 경향이 있다.

누나: 너 언제까지 돈도 못 버는 무명 배우로 지낼 거야?

동생: 누나, 세상을 너무 돈의 잣대로만 보지 마.

누나: 현실을 무시할 순 없잖아. 나도 걱정돼서 하는 말이야.

어휘를 확장해요

비슷한말
기준: 구별하거나 판단할 때, 중심이 되는 것.
지표: 방향이나 목적, 기준을 알려 주는 표시.
척도: 평가하고 판단하는 기준.

참고 어휘
이중 잣대: 상황에 따라 기준이 달라서 공정하지 않은 태도나 판단.
이정표: 길을 안내하는 표지판. 또는 어떤 기준.

관련 속담
인간은 만물의 척도: 사람의 생각이나 판단이 모든 것을 재는 기준이라는 뜻.

질색

- 숨이 막혀서 기운이 통하지 않음.
- 몹시 싫어하거나 꺼림.

窒 막힐 질 塞 막힐 색

뭔가 몹시 싫고 꺼려질 때 "질색이야"라고 표현해요. '질색'은 '막힐 질(窒)' 자와 '막힐 색(塞)' 자를 합친 말이에요. 숨이 막히듯 견디기 힘들거나, 어떤 상황을 몹시 싫어할 때 쓰는 말이지요. 비슷한말로 '칠색 팔색 하다'가 있어요. 너무 난처하거나 싫을 때 얼굴빛이 여러 번 변하는 모습을 뜻해요. '질색 팔색 하다'라고 잘못 쓰지 않도록 주의하세요.

나는 채소만 보면 **질색**한다.

의미를 알면 재미있는 어휘

 이럴 때 사용해요

여름휴가 때 동남아로 가자는 의견에 아빠가 질색했다.

엄마: 이번 여름휴가는 동남아 휴양지 어때?

아빠: 난 더운 건 딱 질색이야. 시원한 데로 가자.

딸: 여름엔 어딜 가든 덥잖아요. 그냥 동남아로 가요.

호텔 투숙객이 바퀴벌레를 발견하고 질색했다.

손님: 저, 저기 바퀴벌레! 수, 숨이 막혀요….

지배인: 119죠? 저희 손님이 질색하면서 호흡 곤란을 겪고 계십니다.

직원: 손님, 괜찮으세요? 깊게 숨 쉬어 보세요. 물 좀 드릴게요.

 어휘를 확장해요

비슷한말

진저리: 너무 싫거나 무서워 몸을 떠는 것.
넌더리: 너무 싫고 지겨운 느낌.
기피: 싫어서 피하려 함.
신물: 지긋지긋하고 진저리 나는 생각이나 느낌.
몸서리치다: 싫거나 무서워서 몸이 떨리다.

관련 관용구

칠색 팔색을 하다: 얼굴빛이 변할 만큼 질색하다.
넌더리를 대다: 상대가 싫증이 날 정도로 행동하다.
눈살을 찌푸리다: 보기 싫거나 불쾌해서 얼굴을 찡그리다.

허세

● 실속은 없으면서 겉으로만 있어 보이게 꾸미는 기세.

虛 빌 허 勢 형세 세

동물은 종종 수컷끼리 싸울 때 몸집을 부풀려 상대를 위협해요. 더 강하게 보이려고 애쓰는 행동이지요. 우리 주변에도 실력은 없는데 괜히 큰소리치는 사람이 있어요. "나만 믿어!" 하며 으스대지만, 정작 일은 제대로 못하죠. 이런 행동을 '허세'라고 해요. 실속 없이 멋있는 척, 강한 척하는 거예요. 허세를 부리는 사람은 약점을 감추려고 일부러 더 큰소리를 내기도 해요.

축구할 때마다 **허세**를 부리는 버릇이 있다.

의미를 알면 재미있는 어휘

 이럴 때 사용해요

떡볶이집에서 매운맛에 도전하겠다고 허세를 부렸다.

- 형: 사장님, 떡볶이 5단계로 주세요.
- 동생: 형, 그거 진짜 매워. 괜히 허세 부리지 마.
- 형: 허세라니? 이 형이 매운맛 정복하는 거 잘 봐.

허세 가득한 신입 사원이 회사에 들어왔다.

- 사원: 맡겨만 주세요. 뭐든 잘할 자신 있습니다.
- 사장: 허세인지 패기인지 어디 한번 증명해 보게.
- 사원: 허세든 패기든 결과로 보여드릴 테니 염려 마세요.

 어휘를 확장해요

비슷한말

- **만용:** 자기 능력을 생각하지 않고 무모하게 나서는 용기.
- **허풍:** 실제보다 지나치게 부풀려 믿기 어려운 말이나 행동.
- **과시:** 자기 힘이나 능력을 지나치게 드러냄.

참고 어휘

- **실속:** 겉으로는 티 나지 않지만 실제로는 든든한 이익이나 내용.

관련 사자성어

- **허장성세(虛張聲勢):** 실속은 없는데, 겉으로만 큰소리치며 으스댄다는 뜻.

관련 속담

- **빈 수레가 요란하다:** 실속 없는 사람이 떠들며 으스대는 모습을 비유한 말.

감소하다 고소하다 구독 논쟁 목돈 무공해 문화유산

복구하다 복지 부패 사이비 소외 수색 유래

이기주의 익명 징조 출처 희생

감소하다

● 수나 양이 줄어들다.

減 덜 감　少 적을 소

'감소'는 '덜 감(減)' 자와 '적을 소(少)' 자를 합친 말이에요. '어떤 수나 양이 줄어드는 것'을 뜻해요. "저출생 영향으로 해마다 학생 수가 감소하고 있어요"처럼 쓰여요. 반대말은 '증가'예요. '수나 양이 늘어나거나 많아지는 것'을 말해요. "최근 1인 가구가 빠르게 증가하고 있어요"처럼 표현하지요. 감소와 증가는 날씨, 인구, 소비량, 물 사용량 등 수치를 알아보는 여러 상황에서 자주 사용해요.

**기후 변화 문제로
오징어 어획량이 감소했다.**

상식이 자라나는 어휘

📢 이럴 때 사용해요

모두가 골고루 먹어서 급식 잔반량이 감소했다.

지현: 오늘은 음식 통에 남은 게 별로 없네?

친구: 맞아. 다들 골고루 먹어서 잔반이 많이 감소했대.

지현: 와, 그러면 우리 학교가 환경 지키는 데도 도움이 됐네!

스마트폰이 등장하면서 독서 인구가 감소했다.

아빠: 스마트폰으로 영상만 보니까 책을 안 읽게 되더라.

엄마: 나도 예전엔 책 좋아했는데, 요즘은 독서량이 많이 감소했어.

아들: 그런데 왜 저한테만 책 읽으래요? 같이 읽어요!

📝 어휘를 확장해요

비슷한말

줄다: 수나 양이 원래보다 적어지다.
감축하다: 수나 양을 줄이다.
감량하다: 양이나 무게를 줄이다.

반대말

증가하다: 수나 양이 늘어나다.
불어나다: 원래보다 커지거나 많아지다.

관련 속담

강물도 쓰면 준다: 아무리 많아 보여도 아껴 쓰지 않으면 줄어든다는 뜻.

고소하다

- 사정을 말하며 하소연하다.
- 범죄 피해자가 경찰이나 검찰에 사실을 알려 수사와 재판을 요청하다.

告 고할 고　訴 호소할 소

'고소하다'는 누군가에게 피해를 입었을 때, 경찰이나 수사 기관에 그 사람의 잘못을 알리고 벌을 주라고 요청하는 거예요. 예를 들어 가게에서 물건을 훔친 사람 때문에 피해를 봤다면, 피해자가 경찰서에 알리고 수사를 요청하는 것이지요. 이와 비슷한 말로 '고발하다'가 있어요. '고발하다'는 범죄와 직접 관련이 없는 사람이 불법적인 일을 보고 경찰에 신고하는 거예요.

아빠가 술에 취해 전봇대를 고소하겠다고 했다.

이럴 때 사용해요

사장이 알바생을 업무 방해 혐의로 경찰에 고소했다.

- 알바생: 저는 경찰에 신고당할 만큼 잘못한 게 없어요.
- 경찰: 사장님 말로는 요즘 매장에서 콧노래를 자주 불렀다고 하던데요.
- 알바생: 하, 그게 고소 이유라고요? 말도 안 돼요.

노동자들이 월급을 주지 않는 회사를 검찰에 고소했다.

- 노동자: 변호사님, 몇 달째 월급을 못 받고 있어요.
- 변호사: 임금 체납은 고소 사유입니다.
- 노동자: 그럼 동료들과 함께 고소하겠습니다.

어휘를 확장해요

비슷한말
소고하다: 누군가의 잘못이나 범죄를 경찰이나 검찰에 알려 처벌을 요구하다.

참고 어휘
고발하다: 피해자가 아닌 사람이 경찰이나 검찰에 범죄 사실을 알려 처벌해 달라고 요청하다.
수사: 범죄와 관련된 사실을 찾기 위해 조사함.
기소: 검사가 법원에 범죄 사실을 알리고, 재판을 요구하는 일.
제소: 개인이나 단체가 법원에 재판을 요구하는 일.

관련 사자성어
사정사정(事情事情): 도와 달라고 간절히 부탁하며 애원하는 모습을 이르는 말.

구독

- 정해진 기간 동안 책이나 신문, 잡지 등을 사서 읽음.
- 온라인에서 신청해 콘텐츠를 계속 받아 보거나 이용함.

購 살 구 讀 읽을 독

원래는 '사서 읽다'라는 뜻으로, 신문이나 책을 일정 기간 정해 놓고 사서 읽는 걸 말해요. 그런데 요즘은 꽃이나 생필품 같은 상품을 정기적으로 배송받거나, 청소·세탁 같은 서비스를 꾸준히 이용하는 것을 가리키는 말로 자주 쓰여요. 또 비용을 내고 방송이나 동영상 채널을 일정 기간 동안 보는 것도 '구독'이라고 하지요. 이런 서비스를 이용하는 사람을 '구독자'라고 불러요.

유튜버가 이용자들에게 채널 **구독**을 부탁했다.

상식이 자라나는 어휘

 이럴 때 사용해요

정기 구독 중인 수학 학습지가 잔뜩 밀렸다.

엄마 구독하는 학습지는 밀리면 끝도 없는 거 몰라?

형 학원 숙제도 많은데 학습지까지는 벅차요.

동생 엄마도 정기 구독 한 잡지 그대로 쌓아 두잖아요.

동네 꽃집에서 구독 서비스를 시작했다.

아빠 꽃집에서 매주 꽃을 배달해 주는 구독 서비스가 있대.

엄마 어머, 나 주려고 구독했어?

아빠 그게… 지난주에 스포츠 채널을 먼저 구독해 버렸어.

 어휘를 확장해요

비슷한말
가입: 어떤 모임에 들어가거나, 서비스를 제공하는 상품을 신청함.

반대말
탈퇴: 가입한 모임이나 서비스를 그만둠.

참고 어휘
구독 경제: 돈을 내고 제품이나 서비스를 정기적으로 이용하는 경제 활동. '구독형 서비스'라고도 함.

관련 속담
글 모르는 귀신 없다: 귀신도 글은 안다는 뜻으로, 사람이라면 꼭 글을 배워야 한다는 말.

논쟁

- 서로 다른 의견을 가진 사람들이 말이나 글로 옳고 그름을 따지며 다툼.

論 논할 론(논) 爭 다툴 쟁

어떤 일을 결정하거나 문제를 해결할 때, 사람들 사이에 의견이 다를 수 있어요. 이럴 땐 각자 자신의 주장과 근거를 내세워 옳고 그름을 따지죠. '논쟁'은 자기 생각이 옳다고 주장하며 다투는 것을 말해요. 그럼 '토론'과는 뭐가 다를까요? 토론은 '서로 다른 의견을 나누며 타협점을 찾는 과정'이에요. 반면 논쟁은 상대를 설득하거나 이기기 위해 치열하게 다투는 걸 말해요.

한때 친구들 사이에서 민트 초코를 두고 논쟁이 벌어졌다.

상식이 자라나는 어휘

 이럴 때 사용해요

형제가 복권 1등 당첨금을 두고 논쟁을 벌였다.

- 동생: 형, 오천 원만 빌려줘. 나도 복권 사고 싶어.
- 형: 좋아. 대신 당첨되면 상금의 반은 내 거야.
- 엄마: 미성년자는 복권 못 사니까. 소모적인 논쟁 하지 마.

닭이 먼저인지 달걀이 먼저인지 논쟁했다.

- 아이: 아빠, 닭이 먼저일까요, 달걀이 먼저일까요?
- 아빠: 음, 그보단 아빠가 다 먹기 전에 빨리 먹는 게 좋을 것 같은데?
- 아이: 논쟁은 잠시 멈추고, 치킨부터 지켜야겠어요!

 어휘를 확장해요

비슷한말
논란: 여럿이 서로 다른 주장을 내며 다툼.
쟁의: 각자 자기주장을 내세우며 다툼.
말다툼: 말로 서로 옳고 그름을 가리는 다툼.

관련 사자성어
갑론을박(甲論乙駁): 여러 사람이 자기주장을 하고, 남의 말에 반박한다는 뜻.
탕탕평평(蕩蕩平平): 어느 쪽에도 치우치지 않고 공평하다는 뜻.

관련 속담
두 손뼉이 맞아야 소리가 난다: 어떤 일이 이루어지려면 서로 뜻이 맞아야 하고, 말다툼이나 싸움도 서로 잘못이 있을 때 생긴다는 뜻.

목돈

- 액수가 큰 돈.
- 굿을 할 때 무당에게 미리 주는 돈.

'목돈'은 액수가 큰 돈이에요. '여럿이 나눠 가지는 몫'과 '돈'을 합친 말이지만, 맞춤법에 따라 '몫돈'이 아니라 '목돈'으로 써요. 또 굿을 할 때 무당에게 미리 주는 돈을 뜻하기도 해요. 흔히 푼돈을 차곡차곡 모아 목돈을 만들라고 하지요? 이렇게 모은 목돈을 '종잣돈'으로 삼아 투자하면 더 큰돈을 벌 수 있어요. 종잣돈은 투자나 사업을 시작할 때 쓰는 밑천이에요.

세뱃돈을 안 쓰고 모아서 목돈을 만들기로 했다.

📢 이럴 때 사용해요

아빠가 엄마 몰래 용돈을 모아 목돈을 만들었다.

엄마: 당신, 액자 뒤에 있던 두둑한 돈 봉투는 뭐예요?

아빠: 그, 그거… 당신 주려고 몰래 준비한 깜짝 선물이야.

아이: 쯧쯧, 방금 아빠는 목돈을 잃으셨습니다.

목돈이 필요해서 아르바이트를 시작했다.

사장: 목돈을 모으면 뭐 할 거예요?

알바생: 영국에 가서 프리미어 리그 경기를 직관하고 싶어요.

사장: 멋진 목표네요. 꼭 이루길 바라요!

📝 어휘를 확장해요

비슷한말
뭉칫돈: 액수가 큰 돈.
거액: 아주 많은 액수의 돈.

반대말
푼돈: 많지 않은 몇 푼의 돈.
소액: 적은 액수.

관련 속담
먼지도 쌓이면 큰 산이 된다: 아무리 작은 것이라도 모이고 모이면 나중에 큰 덩어리가 된다는 뜻.

무공해

- 자연이나 사람에게 피해를 주지 않음.

無 없을 무 **公** 공평할 공 **害** 해할 해

'공해'는 '산업과 교통이 발달하면서 사람과 생물이 입는 피해'를 말해요. 자동차 매연, 바다에 버려진 플라스틱, 공사장에서 방출한 폐수 등이 자연을 오염시켜 피해를 주는 것이지요. 이 말 앞에 '없을 무(無)' 자가 붙으면 '해로운 영향을 주지 않는다'는 뜻의 '무공해'가 돼요. 예를 들어 '무공해 농산물'은 '몸에 해로운 물질이 없는 농산물'을 뜻한답니다.

아빠는 건강을 위해 무공해 채소를 키운다.

상식이 자라나는 어휘

 이럴 때 사용해요

새로 출시된 무공해 자동차를 구경하러 갔다.

판매원: 손님, 이 무공해 자동차는 공해 물질이 거의 나오지 않아요.
손님: 그래도 온실가스가 조금씩 나오잖아요.
판매원: 사실 100퍼센트 무공해 자동차는 거의 없다고 봐야죠.

촬영장을 환하게 밝혀 주는 무공해 배우가 나타났다.

팬: 언니의 해맑은 미소는 무공해 그 자체예요.
배우: 고마워요. 친구의 마음이야말로 친환경 무공해예요.
팬: 으악, 이 대화도 너무 맑고 깨끗해서 눈이 부셔요!

 어휘를 확장해요

비슷한말
친환경: 자연을 오염시키지 않고, 자연과 잘 어울리는 일.
유기농: 화학 비료나 농약 없이 자연의 힘으로 키운 농산물이나 농사 방식.
청정: 맑고 깨끗함.

참고 어휘
탄소 발자국: 사람이 물건을 만들거나 쓰는 과정에서 생기는 이산화 탄소의 양. 스마트폰을 쓰거나 전기를 사용할 때도 탄소 발자국이 생김.

관련 사자성어
무위자연(無爲自然): 사람 손을 대지 않은, 있는 그대로의 자연을 이르는 말.

문화유산

文 글월 문 化 될 화 遺 남길 유 産 낳을 산

- 다음 세대에 물려줄 만한 가치가 있는 과학, 기술, 관습, 규범 같은 문화적 산물.
- 한 나라의 역사와 전통을 보여 주는 국가유산으로, 궁궐, 탑, 그림, 옷 같은 것을 유형 문화유산, 민속 문화유산 등으로 나누어 부름.

'유산'은 '이전 세대가 물려준 물건이나 문화'를 말해요. 그중 문화적 가치가 높아 다음 세대에 물려줄 만한 것을 '문화유산'이라고 해요. 박물관에 있는 유물과 유적이 여기에 해당하지요. 이 밖에 '무형유산' '자연유산'이 있어요. 이 세 가지를 통틀어 '국가유산'이라고 한답니다. 유산을 통해 우리는 조상들의 생활과 생각을 배우고, 우리 문화를 발전시킬 수 있어요.

내가 만든 도자기가 훗날 문화유산이 될지도 모른다.

📢 이럴 때 사용해요

국립중앙박물관에 가서 여러 가지 문화유산을 살펴보았다.

선생님: 여기 있는 유물들은 우리나라의 소중한 문화유산이야.
학생: 우아, 이 배 모양 청자는 뭐예요?
선생님: 고려 시대 임금이 쓰던 변기로 추측하고 있단다.

가족 여행에서 세계 문화유산 불국사를 찾아갔다.

아들: 우아, 불국사는 볼 때마다 멋지다. 천 년이 넘은 절이라니!
아빠: 그래서 유네스코 세계 문화유산으로 지정된 거잖아.
아들: 그냥 절인 줄 알았는데 세계가 인정한 문화유산이었네요!

📋 어휘를 확장해요

비슷한말
보배: 아주 귀하고 소중한 물건.
국가유산: 나라에서 중요하게 여겨 지켜야 할 유산. 2024년부터 '문화재' 대신 사용.

참고 어휘
유물: 옛날 사람들이 남긴 물건.
유적: 옛날 사람들이 살던 자리나 건물터.
유형 문화유산: 궁궐, 탑, 그림, 책처럼 눈에 보이는 국가유산.
무형유산: 춤, 노래, 기술, 의식처럼 눈에 보이지 않지만 전해지는 국가유산.
자연유산: 동식물이나 천연 보호 구역처럼 자연에서 비롯된 국가유산.

관련 사자성어
온고지신(溫故知新): 옛것을 익혀 새롭게 깨닫는다는 뜻.

복구하다

- 손상되거나 잃은 것을 원래 상태로 되돌리다.
- 컴퓨터 시스템이 고장 났을 때, 문제가 생기기 전의 상태로 되돌려 다시 작동하게 하다.

復 회복할 복 **舊** 옛 구

'복구'는 '회복할 복(復)' 자와 '옛 구(舊)' 자를 합친 말이에요. 고장 나거나 망가진 것을 원래대로 되돌린다는 뜻이지요. 전쟁으로 무너진 도시를 다시 세우는 일도 복구예요. 컴퓨터에서는 망가진 시스템이나 파일을 원래대로 되돌리는 걸 말해요. "바이러스로 망가진 파일을 복구했다"처럼 쓸 수 있어요. 참고로, '복귀하다'는 '원래 자리나 상태로 돌아가다'라는 뜻이에요. "정치인이 정계에 복귀했다"처럼 쓰여요.

주식 투자로 잃은 돈을 복구하려면 갈 길이 멀다.

상식이 자라나는 어휘

📢 이럴 때 사용해요

화재로 무너진 전통 시장을 복구하고 있다.

기자 저는 지금 전통 시장 복구 현장에 나왔습니다.

앵커 복구가 순조롭다니 다행이네요.

기자 네. 상인들도 하루빨리 원상 복구가 되길 바라고 있습니다.

저장하지 않고 종료한 파일을 복구할 방법이 없었다.

다민 으악! 실수로 저장을 안 해서 파일이 날아갔어.

친구 어떡해…. 복구할 방법은 없어?

다민 없는 것 같아. 시간을 되돌리고 싶다.

📋 어휘를 확장해요

비슷한말

돌이키다: 원래 상태로 다시 돌아가다.
되돌리다: 원래 모습이나 상태로 바꾸다.
복원하다: 망가지기 전처럼 다시 만들다.

반대말

파괴하다: 부수어 망가뜨리다.
망가뜨리다: 부수거나 찌그러뜨려 못 쓰게 만들다.
손상하다: 물건을 깨뜨리거나 상하게 하다.

관련 사자성어

원상회복(原狀回復): 원래의 모습이나 상태로 되돌아간다는 뜻.

복지

● 모두가 행복하고 편안하게 살아가도록 돕는 일.

福 복 복 祉 복 지

'복지'는 '복 복(福)' 자와 '복 지(祉)' 자로 이루어졌어요. '복'은 '살아가며 얻는 행복'을 뜻해요. 사람은 누구나 건강하고 깨끗한 환경에서 행복하게 살 권리가 있어요. 그래서 나라에서는 모두가 기본적인 생활을 할 수 있도록 도와주는 여러 제도를 만들었어요. 이것을 '복지 제도'라고 해요. 건강 보험, 국민연금 같은 사회 보장 제도, 노인을 돌보거나 장애인을 돕는 서비스가 복지 제도예요.

**노인 복지 서비스로
돌봄 AI 로봇이 등장했다.**

상식이 자라나는 어휘

이럴 때 사용해요

엄마가 다니는 회사는 직원 복지를 위해 단축 근무를 한다.

엄마: 이제 월요일이랑 금요일엔 집에 일찍 올 거야.

딸: 우아, 단축 근무 덕분이죠? 엄마 회사 복지 진짜 좋네요!

엄마: 딸과 함께할 시간이 늘어서 기뻐.

우리 누나는 대학에서 아동 복지학을 공부한다.

동생: 누나는 왜 아동 복지에 관심을 갖게 됐어?

누나: 아이들이 건강하고 행복하게 자라면 좋겠다고 생각했거든.

동생: 멋지다! 누나처럼 따뜻한 사람이 많으면 좋겠어.

어휘를 확장해요

비슷한말

복리: 행복과 이익.

안녕: 편안하고 걱정 없는 삶.

후생: 사람들의 생활이 넉넉하도록 돕는 일.

참고 어휘

사회 복지: 사람들이 더 나은 삶을 살 수 있도록 교육, 문화, 의료 등 생활을 돕는 제도와 정책.

관련 사자성어

박애주의(博愛主義): 나라나 인종에 상관없이 모두가 평등하게 사랑받고 잘 살아야 한다는 생각.

부패

- 정치나 생각, 행동이 올바르지 못한 쪽으로 변함.
- 단백질이나 지방 같은 것이 미생물 때문에 썩는 현상.

腐 썩을 부 敗 패할 패

'썩을 부(腐)' 자는 '마을 부(府)' 자와 '고기 육(肉)' 자를 합친 글자예요. 옛날에는 관리에게 잘 보이려고 백성들이 고기를 바쳤는데, 그 고기가 썩을 만큼 쌓였다는 데서 비롯된 글자예요. 마을을 위해 공정하게 일해야 할 관리가 자기 이익만 챙기면 안 되겠지요? 그래서 정당하지 못한 방법으로 이득을 얻거나, 나쁜 일을 돕는 사람이나 집단을 두고 "부패했다"라고 말해요. 또 과학에서는 '미생물 때문에 단백질이 썩는 현상'을 가리키기도 해요.

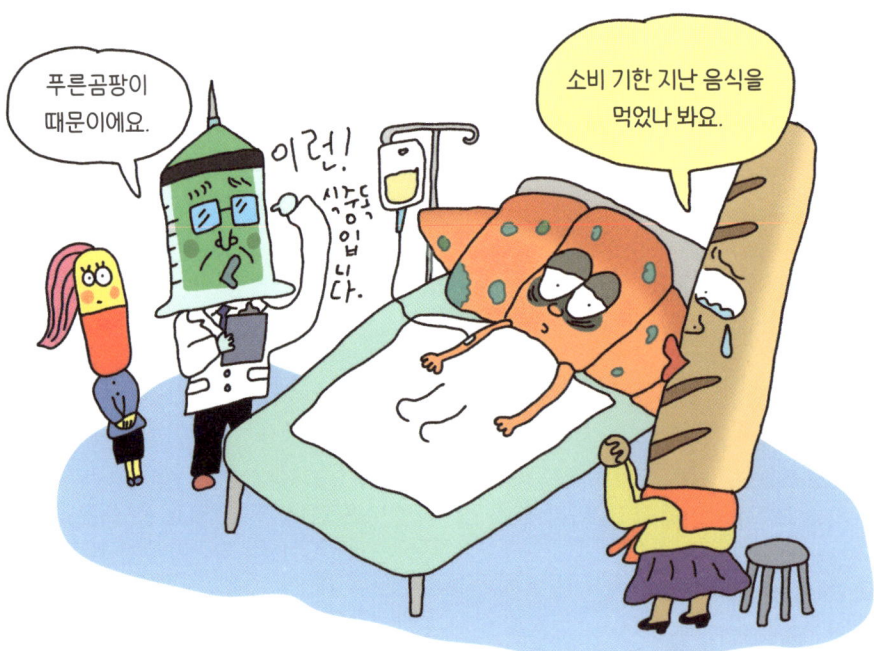

부패한 음식을 먹고 식중독에 걸렸다.

 상식이 자라나는 어휘

📢 이럴 때 사용해요

정부의 부패가 심각한 문제를 일으키고 있다.

시민1 요즘 뉴스 봤어? 또 부정부패 사건이 터졌더라.
시민2 정부의 부패가 너무 심각해. 국민들의 신뢰가 무너지고 있어.
시민1 맞아. 이렇게 가다간 사회 전체가 병들겠지.

냉장고에서 부패한 생선을 발견했다.

아빠 어디에서 악취가 나나 했더니, 생선이 상했잖아.
아들 부패하는 냄새였어요? 전 그냥 비린내인 줄 알았죠.
아빠 얼른 음식물 쓰레기통에 버리자. 잘못 먹으면 큰일 나.

📝 어휘를 확장해요

비슷한말
타락: 올바른 길에서 벗어나 나쁜 길로 빠짐.

반대말
청렴: 마음이 깨끗하고 욕심이 없음.
결백: 마음이나 행동이 깨끗하여 아무 잘못이 없음.

관련 사자성어
부정부패(不正腐敗): 도덕적으로 바르지 못하다는 뜻.
탐관오리(貪官汚吏): 욕심 많고 나쁜 짓을 하는 관리를 이르는 말.

관련 속담
고인 물이 썩는다: 변화가 없으면 뒤처지거나 나빠질 수 있다는 말.

사이비

● 보기에는 비슷하지만 사실은 전혀 다른 것.

似 같을 사 而 말 이을 이 非 아닐 비

'사이비'는 '같을 사(似)' 자, '말 이을 이(而)' 자, '아닐 비(非)' 자를 합친 말이에요. 겉보기에는 비슷하지만 본질은 다르다는 뜻이지요. 중국 전국 시대, 공자의 뒤를 이은 맹자에게 제자 만장이 물었어요. "공자께서는 온 마을이 칭찬하는 향원을 왜 '덕을 훔치는 자'라고 하셨나요?" 맹자는 이렇게 답했어요. "겉으로 청렴한 척하지만 실제로는 다르기 때문이다. 그래서 공자께서도 '나는 사이비한 자를 미워한다'고 말씀하셨다." 이 일화에서 유래한 말이 바로 사이비예요.

사이비 종교에 속지 않도록 주의해야 한다.

이럴 때 사용해요

엄마가 사기꾼한테 속아서 사이비 영양제를 사 왔다.

- 엄마: 이 영양제를 하루에 한 알씩 먹으면 똑똑해진대.
- 딸: 하루에 두 알 먹으면 배로 똑똑해지는 거예요?
- 아빠: 요즘 사이비 영양제가 기승이야. 둘 다 정신 차려!

과학과 사이비 과학을 잘 구별해야 한다.

- 학생: A형은 소심하고, O형은 활발하대요. 진짜인가요?
- 교수님: 혈액형으로 성격을 나누는 건 사이비 과학이라네.
- 학생: 과학적 근거가 없군요. 속을 뻔했어요.

어휘를 확장해요

비슷한말

가짜: 진짜인 척 꾸민 거짓된 것.
거짓: 사실이 아닌 것을 사실처럼 꾸민 것.
유사: 서로 비슷함. '유사 단체' '유사 상품'처럼 주로 일부 명사 앞에 쓰임.

관련 사자성어

사시이비(似是而非): 겉보기에 옳아 보여도 사실은 틀리다는 뜻.
표리부동(表裏不同): 겉과 속이 다른 행동을 이르는 말.

관련 속담

겉 다르고 속 다르다: 행동은 그럴듯하지만 마음속 생각은 딴판이라는 뜻.

소외

- 어떤 무리에서 따돌리거나 멀리함.
- 인간답지 못한 상태에 놓이는 일.

疏 소통할 소 外 바깥 외

'소외'는 어떤 무리에서 함께하길 꺼리며 따돌리는 걸 말해요. 무리에 끼지 못한 사람은 혼자라는 생각이 들고 외로움을 느껴요. 소외는 사회에서 여러 모습으로 나타나요. 싫은 사람을 떼어 놓고 괴롭히는 '왕따', 지역을 고르게 발전시키지 못해 생기는 '소외 지역', 복지나 혜택을 받지 못하는 '소외 계층' 등이 있어요. 누구에게도 남을 소외시킬 권리는 없어요. 서로 존중하며 더불어 살아가야 해요.

신데렐라는 가족들에게 소외당했다.

이럴 때 사용해요

몸이 아프니 소외된 느낌이다.

학생: 반 애들이 저만 빼고 축구하는데… 혹시 저를 잊은 걸까요?

선생님: 네가 다리에 깁스를 해서 같이 못 하잖니.

학생: 아, 그렇구나! 괜히 소외된 줄 알고 우울했어요.

키오스크 열풍 속에 디지털 소외 계층이 생겨났다.

혜진: 아까 노인분들이 키오스크 앞에서 당황하시더라.

친구: 디지털 기기에 익숙하지 않으니 소외되지.

혜진: 우리가 도와드리면 소외감도 줄지 않을까?

어휘를 확장해요

비슷한말
외톨이: 혼자 떨어져 지내는 사람.
따돌림: 미운 사람을 멀리하거나 괴롭힘.

관련 사자성어
사면초가(四面楚歌): 아무에게도 도움을 받지 못하고 외로운 처지에 놓였다는 뜻.

관련 속담
낙동강 오리알: 무리에서 떨어져 혼자 남은 처량한 신세를 비유한 말.
개밥에 도토리: 개는 도토리를 먹지 않아 밥 속에 있어도 남긴다는 뜻으로, 따돌림을 받아 혼자 있는 사람을 비유한 말.

수색

- 구석구석 뒤져서 찾음.
- 법에서, 범죄 수사를 위해 사람이나 집, 장소를 강제로 조사하는 일.
- 법에서, 전쟁 중인 나라의 군함이 다른 나라 선박을 검사하는 일.

搜 찾을 수　索 찾을 색

'수색'은 '찾을 수(搜)' 자와 '찾을 색(索)' 자를 합친 말로, 구석구석 뒤져서 사람이나 물건을 찾는 걸 말해요. 주로 실종된 사람이나 잃어버린 물건을 찾을 때 쓰지만, 요즘은 경찰이나 검찰이 범인이나 증거를 찾기 위해 집이나 물건 또는 사람의 몸을 강제로 조사할 때 더 자주 써요. 뉴스에 자주 나오는 '압수 수색' '수색 영장'이 바로 그런 예예요.

사건의 단서를 찾기 위해 용의자의 방을 수색했다.

상식이 자라나는 어휘

 이럴 때 사용해요

구조대가 실종된 등산객을 찾아 산 구석구석을 수색했다.

구조대: 현재 정상 부근을 수색 중이나, 특이 사항은 없습니다.

본부: 안전에 유의하며 다른 방향으로 이동해 주세요.

구조대: 그럼 능선 방향으로 수색 범위를 넓히겠습니다.

경찰이 증거를 찾기 위해 사무실을 수색했다.

경찰: 법원 영장에 따라 사무실을 수색하겠습니다.

대표: 업무 중이니 무리한 수색은 피해 주세요.

경찰: 알겠습니다. 절차에 따라 증거를 확보하겠습니다.

 어휘를 확장해요

비슷한말
색출: 숨은 사람이나 물건을 샅샅이 뒤져서 찾아냄.
탐색: 보이지 않거나 사라진 것을 자세히 살펴 찾음.
조사: 어떤 사실이나 사물을 자세히 살펴 알아봄.

참고 어휘
압수 수색: 범죄와 관련된 증거를 찾기 위해 물건이나 장소를 살펴보고, 필요한 것을 가져가는 일.

관련 속담
원숭이 이 잡아먹듯: 샅샅이 뒤지는 모습을 비유한 말.

유래

• 어떤 일이나 물건이 처음 생겨난 까닭.

由 말미암을 유　來 올 래

세상의 말이나 사물은 어느 날 갑자기 생긴 게 아니에요. 처음 생겨난 까닭이나 이유가 있지요. 그게 바로 '유래'예요. 예를 들어, '한가위'는 신라 시대 음력 8월 15일, 여자들이 벌이던 '길쌈 대회'에서 유래했다는 설이 있어요. 진 편이 이긴 편에게 술과 음식을 대접하며 보름달 아래에서 벌이던 잔치가 세월이 지나 풍습이 된 거예요. 이처럼 유래는 어떤 말이나 일의 처음을 뜻해요. 어휘를 배울 때 유래를 알면 더 재미있고 지식도 넓어져요.

'러키비키'는 한 아이돌 가수의 긍정적인 생각에서 유래한 말이다.

상식이 자라나는 어휘

📢 이럴 때 사용해요

선생님이 학생들에게 우리말 유래 100가지를 조사하라고 했다.

선생님: 자주 쓰는 우리말을 조사하고 유래를 찾아 오세요.
학생1: 어디서부터 찾아봐야 할지 모르겠네.
학생2: 우리 학교 역사상 유례없는 유래 조사야.

산타는 미라 지방 주교였던 성인 니콜라스의 이름에서 유래했다.

아들: 산타 할아버지, 올해는 게임기 꼭 주세요!
엄마: 너 산타클로스의 유래는 알고 그런 소원을 비는 거니?
아들: 알죠! 좋은 일 많이 한 사람이잖아요. 저도 오늘부터 착하게 살래요!

📋 어휘를 확장해요

비슷한말
기원: 어떤 것이 처음으로 생긴 때나 시작.
내력: 일이 지금처럼 된 이유나 과정.
파생: 하나에서 갈라져 나와 새로 생긴 것.

관련 사자성어
고사내력(故事來歷): 어떤 일이나 물건이 생긴 내력이나 전해지는 이야기.

관련 속담
괴 딸 아비: 고양이 딸의 아버지라는 뜻으로, 내력을 도무지 알 수 없는 사람을 이르는 말.

123

이기주의

● 자기 이익만 중요하게 여기고, 다른 일에는 관심 없는 태도.

利 이로울 리(이) 己 몸 기 主 주인 주 義 옳을 의

'이기주의'는 자기 이익과 욕심만 중요하게 여기고, 다른 사람은 배려하지 않는 태도예요. 예를 들어, 급식 시간에 맛있는 반찬을 혼자 많이 먹으려는 행동이 이기주의에 해당해요. 더불어 살아가는 사회에서 이기주의는 관계를 해치고 갈등을 일으킬 수 있어요. 비슷한말로 '개인주의'를 떠올릴 수 있지만, 두 말은 의미가 달라요. 이기주의가 "나만 중요해"라는 태도라면, 개인주의는 "나도 중요하고 너도 중요해"라는 태도예요.

쓰레기 소각장 건립을 둘러싸고 집단 이기주의가 나타났다.

상식이 자라나는 어휘

 이럴 때 사용해요

직원이 자기 실수를 동료에게 떠넘기는 이기주의를 보였다.

- 손님: 주문한 음식이 잘못 나왔는데 어떻게 된 거죠?
- 직원1: 아, 네가 확인했어야지. 손님께 네 실수라고 해.
- 직원2: 이런 이기주의가 어딨어! 같이 준비했잖아. 왜 나한테 떠넘겨?

은비는 친구의 이기주의 때문에 속상했다.

- 은비: 오늘 같이 발표 준비하기로 했잖아. 왜 혼자 집에 갔어?
- 친구: 미안. 갑자기 피곤해서 그만 잊어버렸어.
- 은비: 조별 과제인데 혼자 빠지다니…. 너 정말 이기주의적이야.

 어휘를 확장해요

비슷한말
자기중심주의: 자기 이익만 중요하게 여기고, 다른 일에는 무관심한 태도.

반대말
이타주의: 다른 사람의 이익과 행복을 더 중요하게 생각하는 태도.

참고 어휘
개인주의: 국가나 사회보다 개인의 권리와 자유를 소중히 여기고, 다른 사람을 존중하려는 태도.

관련 사자성어
아전인수(我田引水): 자기 논에만 물을 대듯, 자기에게만 이롭게 행동한다는 뜻.
독불장군(獨不將軍): 혼자서만 모든 걸 하려는 고집 센 사람을 뜻하는 말.

익명

• 자기 이름을 숨기거나, 이름 대신 다른 표시를 쓰는 것.

匿 숨길 닉(익)　名 이름 명

'익명'은 자기 이름을 밝히지 않는 것을 말해요. 온라인에서 생각을 자유롭게 표현하거나, 중요한 정보를 전할 때 신분을 숨기기 위해 익명을 쓰기도 해요. 반대로 자기 이름을 분명히 밝히는 것을 '실명'이라고 하지요. 익명은 표현의 자유를 지키는 데 도움이 되지만, 가짜 뉴스나 악성 댓글처럼 남을 괴롭히거나 잘못을 피하려고 사용할 때는 문제가 될 수 있어요.

영국에서 익명의 편지가 날아왔다.

상식이 자라나는 어휘

📢 이럴 때 사용해요

익명의 기부자가 공부방에 장학금을 보내왔다.

기자: 기부자가 누군지 짐작 가는 분 없나요?

관계자: 익명으로 해 달라고 하셔서 밝힐 수 없습니다.

기자: 조용히 선행을 베푸셨군요.

온라인 게시판에 **익명** 글이 올라왔다.

운영자: 요즘 게시판에 누가 자꾸 이상한 글을 올려.

부운영자: 그러게. 분위기가 어수선해지고 있어.

운영자: 익명이라 추적이 어려워서 대응하기 힘드네.

📝 어휘를 확장해요

비슷한말
무기명: 이름을 밝히지 않음.
무명: 이름이 없거나 이름을 알 수 없음.
가명: 진짜 이름 대신 쓰는 가짜 이름.

반대말
실명, 본명: 진짜 이름.

관련 관용구
이름이 있다: 이름이 널리 알려져 있다.
이름을 걸다: 명예나 책임을 다해 어떤 일에 임하다.
명함을 내밀다: 자기 존재나 신분을 드러내다.

127

징조

- 어떤 일이 일어날 것 같은 기미나 낌새.

徵 부를 징 兆 조 조

살다 보면 어떤 일이 일어날 것 같은 느낌을 눈치챌 때가 있어요. 어딘가 불안해 보이거나, 좋은 일이 생길 것 같은 기분이 들기도 하지요. 이렇게 여러 경험이나 상황을 보고 미리 알 수 있는 것이 '징조'예요. 비슷한말로 '조짐' '낌새' '기미'가 있어요. 그중에서도 좋은 징조는 '길조', 나쁜 징조는 '흉조'라고 해요. 징조를 잘 살피면 앞으로 일어날 일을 대비할 수 있어요.

연필이 책상 밑으로 떨어지는 건 불길한 징조다.

📢 이럴 때 사용해요

할머니가 하늘을 보시더니 좋은 징조라고 했다.

할머니: 저길 보렴. 비가 그치고 쌍무지개가 떴구나.
정우: 우아, 무지개가 두 개나 있어요!
할머니: 쌍무지개는 행운의 징조란다. 좋은 일이 일어나려나 보다.

의사가 살이 찌기 전에 나타나는 징조가 있다고 했다.

의사: 몸이 무겁고 아무것도 하기 싫다면 살이 찔 징조입니다.
환자: 우울하면 자꾸 먹게 되니까 살이 찐다는 말씀이죠?
의사: 네. 그게 바로 몸이 보내는 징조랍니다. 지금부터 조심하세요.

📝 어휘를 확장해요

비슷한말

- **낌새:** 일이 어떻게 될지 짐작할 수 있는 눈치.
- **기미:** 일이 생길 것 같은 낌새나 분위기.
- **조짐:** 앞으로 일이 생길 것 같은 느낌.
- **전조:** 어떤 일이 생기기 전에 나타나는 기미.

반대말

- **돌발:** 뜻밖의 일이 예고 없이 갑자기 일어남.

관련 속담

- **방귀가 잦으면 똥 싸기 쉽다:** 어떤 낌새가 자주 보이면, 결국 그 일이 생긴다는 뜻.

출처

- 말이나 사물이 생기거나 나온 곳.
- 사람이 다니거나 가는 곳.

出 날 출 處 곳 처

'출처'는 어떤 사물이나 소문, 정보가 생기거나 나온 곳을 말해요. 공적인 글이나 기사, 논문을 쓸 때는 참고한 내용이 어디서 왔는지 출처를 밝혀야 해요. 출처가 없으면 신뢰하기 어려워요. 책 제목, 저자 이름, 출판사 등을 쓰는 것이 출처를 밝히는 방법이에요. 또 출처는 '사람이 다녀온 곳'을 뜻하기도 해요. "네가 어디 있었는지 출처를 밝혀라"처럼 쓸 수 있어요.

출처가 불분명한 링크는 누르면 안 된다.

📢 이럴 때 사용해요

외출할 때는 출처를 꼭 알려야 한다.

- 딸: 엄마, 저 친구랑 놀고 올게요!
- 엄마: 몇 시쯤 돌아올지랑 출처는 꼭 알려 줘야 해.
- 딸: 저녁 먹기 전까지 친구 집 근처 놀이터에서 놀 거예요.

출처를 모르는 사진을 SNS에 올렸다.

- 블로거: 멋진 풍경이 있어서 내 블로그에 올렸어.
- 친구: 출처 확인했어? 저작권 문제가 생길 수 있어.
- 블로거: 그런 줄 몰랐어. 얼른 지워야겠다.

📋 어휘를 확장해요

비슷한말
근거: 어떤 말이나 생각이 생기게 된 바탕.

참고 어휘
인용: 남의 말이나 글을 자신의 말이나 글에 가져다 씀.
참고: 살펴보고 도움이 될 만한 자료로 삼음.
고증: 자료나 사실을 근거로 하여 옳고 그름을 밝혀냄.

관련 사자성어
회색선전(灰色宣傳): 출처가 분명하지 않아 애매한 정보나 주장.
백색선전(白色宣傳): 출처가 분명하고 믿을 만한 정보나 주장.

희생

- 다른 사람이나 어떤 목적을 위해 자기의 목숨이나 이익을 버리는 일.
- 사고나 재해로 안타깝게 목숨을 잃는 일.
- 옛날에 제사 지낼 때 제물로 바치던 동물.

犧 희생 희　牲 희생 생

옛날에는 제사를 지낼 때 신에게 소나 양 같은 살아 있는 가축을 바쳤어요. 이를 '희생'이라고 했지요. 원래 '희생'은 신을 위해 가장 귀한 것을 내놓는다는 뜻이었어요. 시간이 지나면서 이 말은 어떤 일을 위해 자신의 시간이나 노력, 소중한 것을 포기한다는 의미로 쓰였어요. 오늘날에는 사고나 재해로 안타깝게 목숨을 잃은 사람을 가리킬 때도 사용해요.

심청이는 아버지를 위해 바다에 몸을 던져 **희생**했다.

📢 이럴 때 사용해요

갑작스러운 지진으로 사람들이 희생되었다.

- 엄마: 뉴스에서 지진 속보 봤어?
- 딸: 네. 상황이 많이 심각하대요. 희생자도 생겼대요.
- 엄마: 세상에…. 모두 무사하길 바랐는데 안타깝다.

엄마는 항상 형이라는 이유로 내게 희생을 요구했다.

- 세형: 엄마! 저도 닭다리 좋아하는데, 왜 맨날 양보해야 해요?
- 엄마: 네가 형이니까 동생 먼저 줘야지.
- 세형: 형이라고 늘 희생해야 한다니, 너무 억울해요!

📋 어휘를 확장해요

비슷한말
헌신: 몸과 마음을 다해 애쓰는 것.
제물: 제사 때 바치는 물건이나 동물. 또는 남을 위해 해를 입는 사람이나 물건.
희생양: 제물로 바친 양. 또는 남을 대신해 피해를 입는 사람.

관련 사자성어
살신성인(殺身成仁): 자신의 목숨을 희생해 옳고 어진 행동을 한다는 뜻.

관련 속담
부자 하나면 세 동네가 망한다: 큰일을 이루는 데 많은 사람의 희생이 따를 수 있다는 뜻.

가물가물하다 경계하다 고분고분하다 귀담아듣다
누그러뜨리다 등지다 먹먹하다 몰두하다 무모하다
무성하다 발휘하다 불사르다 비꼬다 빗발치다 삼가다
설치다 소스라치다 수수하다 숱하다 시급하다
어처구니없다 얼버무리다 이바지하다 진동하다
처치하다 캐묻다 팽팽하다 홀가분하다

가물가물하다

- 약한 불빛이 사라질 듯 흐릿하다.
- 멀리 있는 물체가 보일 듯 말 듯하다.
- 기억이나 정신이 흐릿해서 잘 생각나지 않다.

'가물가물하다'는 원래 멀리 있는 불빛이나 물건이 희미해 잘 보이지 않을 때 쓰는 말이에요. "멀리 등불이 가물가물하게 보였다"처럼요. 이 뜻이 넓어져 기억이 흐릿해 정확히 떠오르지 않을 때도 써요. 비슷한말로는 '가물거리다' '가물대다' '거물거물하다' '까물까물하다' 등이 있어요. 참고로, 기억이 날 듯 말 듯할 때는 '아리송하다'라는 표현도 쓸 수 있어요.

길을 헤매다 **가물가물한** 불빛을 발견했다.

상황을 실감 나게 표현하는 어휘

📢 이럴 때 사용해요

할머니가 눈이 가물가물하다며 돋보기를 찾았다.

할머니: 아휴, 글씨가 잘 안 보이네. 돋보기 어디 있니?

손자: 이렇게 큰 글자가 안 보이신다고요?

할머니: 너도 나이 들어 봐라. 눈이 가물가물해서 읽기 힘들다.

요즘은 기억이 가물가물해서 이름이 잘 생각나지 않는다.

세연: 우리 예전에 어떤 가수의 콘서트에 갔잖아. 누구였더라?

친구: 어제 일도 가물가물한데 내가 기억하겠어?

세연: 나도 이름이 혀끝에서만 맴돌고 안 떠올라.

📝 어휘를 확장해요

비슷한말

어렴풋하다: 기억이나 생각이 흐릿하다.
희미하다: 잘 보이지 않거나 분명하지 않다.
깜빡깜빡하다: 기억이나 정신이 잠깐씩 흐려지다.
아리송하다: 떠오를 듯 말 듯 헷갈리다.

반대말

또렷하다: 소리나 모양, 기억이 분명하다.

관련 관용구

기억에서 사라지다: 기억했던 것이 잊히다.
머리가 굳다: 예전보다 기억력이 떨어지다.

경계하다

警 경계할 경 戒 경계할 계

- 사고나 나쁜 일이 생기지 않도록 조심하다.
- 잘못된 일을 하지 않도록 미리 타이르다.
- 적이 침입하지 못하게 살피며 지키다.

'경계하다'는 문제나 위험이 생기지 않도록 미리 살피고 조심하는 걸 말해요. 군대에서 적의 침입을 막기 위해 지키고 살피는 것도 경계하는 행동이에요. 또 누군가 옳지 않은 일을 하지 않도록 미리 타이르고 주의를 주는 것도 경계라고 해요. "선생님은 아이들이 거짓말하지 않도록 경계했다"처럼 쓰지요. 비슷한말로는 '단속하다' '감시하다' '경고하다' 등이 있어요.

최전방 부대는 물샐틈없이 주변을 경계해야 한다.

이럴 때 사용해요

전학생이 교실에 들어서자 다들 경계하는 눈빛으로 봤다.

전학생: 안녕, 반가워. 앞으로 잘 지내자.
회장: 네가 밥을 열 공기나 먹는다는 소문이 있던데, 진짜야?
전학생: 말도 안 돼! 그냥 우스갯소리야. 너무 경계하지 마!

배우는 자신의 이미지가 고정되는 것을 가장 경계한다.

매니저: 또 악역 제안받았어?
배우: 계속 그런 역할만 하면 이미지가 굳을까 봐 걱정돼.
매니저: 맞아, 이미지가 고정되는 건 경계해야지.

어휘를 확장해요

비슷한말
단속하다: 잘못되지 않도록 살피고 관리하다.
감시하다: 나쁜 일이 생기지 않게 지켜보다.
경고하다: 조심하라고 미리 주의를 주다.

관련 관용구
경종을 울리다: 잘못이나 위험을 알리고 조심하라고 일깨우다.

관련 속담
돌다리도 두들겨 보고 건너라, 아는 길도 물어 가랬다: 익숙한 일도 주의해서 해야 한다는 뜻.

고분고분하다

● 말이나 행동이 공손하고 부드럽다.

'고분고분'은 다른 사람의 말을 순순히 듣고 얌전하게 행동하는 모양을 나타내는 말이에요. "고분고분 잘 따르다"처럼 써요. '고분고분하다'는 그런 태도를 가진 상태를 뜻하지요. 이 말은 원래 겸손하고 부드럽다는 의미지만, 실제로는 아랫사람이 윗사람의 말을 잘 따를 때 자주 써요. 하지만 자기 생각을 분명히 말해야 할 때는 무조건 고분고분하기보다 용기 있게 자신의 의견을 표현하는 태도가 중요해요.

간식 앞에서는 호랑이도 고분고분하다.

상황을 실감 나게 표현하는 어휘

📢 이럴 때 사용해요

사춘기 오빠가 엄마 말을 고분고분하게 따르지 않는다.

엄마: 얼른 씻고 학원 갈 준비해야지. 가방 챙겼어? 숙제는?

오빠: 알았어요. 지금 하려고요.

엄마: 말만 고분고분하게 하지 말고 얼른 움직여!

고분고분한 말씨 덕분에 가게 사장님에게 덤을 받았다.

다미: 사장님, 안녕하세요! 항상 맛있게 잘 먹고 있어요.

사장: 아이고, 말씨가 참 고분고분하네. 이거 하나 더 줄게.

다미: 정말요? 감사합니다! 다음에도 또 올게요!

📋 어휘를 확장해요

비슷한말

공손하다: 말이나 행동이 예의 바르고 겸손하다.
곰살궂다: 성격이 다정하고 친절하다.

반대말

거역하다: 말이나 명령을 따르지 않고 어기다.
반항하다: 지시나 규칙에 맞서다.

관련 사자성어

상명하복(上命下服): 윗사람이 시키면 아랫사람이 따른다는 뜻.

관련 속담

줄 맞은 병정이라: 하라는 대로 순순히 따르는 사람을 비유한 말.

귀담아듣다

● 주의 깊게 잘 듣다.

다른 사람의 말을 잘 듣는 태도는 아주 중요해요. 말을 끊거나 자기 이야기만 하면 대화가 이어지기 어려워요. 잘 들어야 상대를 이해하고 내 생각도 잘 전할 수 있지요. '귀담아듣다'는 '상대방의 말에 귀를 기울여 마음에 새기듯 듣는다'라는 뜻이에요. 참고로, '귀담다'는 '잊지 않도록 마음속에 깊이 새기다'라는 뜻이랍니다. 여러분은 다른 사람의 말에 얼마나 귀를 기울이나요?

엄마는 동생이 하는 옹알이조차 귀담아듣는다.

상황을 실감 나게 표현하는 어휘

📢 이럴 때 사용해요

시장 후보자가 시민들의 의견을 귀담아듣겠다고 했다.

후보자: 저를 뽑아 주신다면 여러분의 이야기를 귀담아듣겠습니다!

시민1: 저건 너무 당연한 말 아니야?

시민2: 그러게. 귀담아듣는 건 기본이고 행동으로 보여 줘야지.

친구가 자기 제안을 귀담아들으라고 했다.

친구: 이번 정보는 진짜야. 내 말 좀 귀담아들어 봐.

하준: 글쎄. 난 네 말이 영 믿음이 안 가.

친구: 이번엔 진짜라니까! 속는 셈 치고 믿어 봐.

📋 어휘를 확장해요

비슷한말

경청하다: 귀를 기울여 듣다.

새겨듣다: 잊지 않도록 주의해서 듣다.

반대말

흘려듣다: 제대로 듣지 않고 대충 넘기다.

관련 사자성어

마이동풍(馬耳東風): 동쪽에서 부는 바람이 말의 귀를 스쳐 간다는 뜻으로, 남의 말을 귀담아듣지 않고 흘려 버리는 모습을 비유한 말.

관련 속담

한 귀로 듣고 한 귀로 흘린다: 남의 말을 제대로 듣지 않고 대충 넘긴다는 뜻.

143

누그러뜨리다

● 딱딱한 마음이나 태도를 부드럽게 바꾸다.

무척 화가 나거나 흥분한 적이 있나요? 그런 감정은 시간이 지나면 조금씩 진정되곤 해요. '누그러뜨리다'는 딱딱하게 굳은 감정이나 긴장된 분위기를 부드럽게 만드는 걸 말해요. 이 말은 '누그리다'에 접미사 '-뜨리다'가 붙어 생긴 말이에요. 참고로 '누그리다' '누그러트리다' '눅잦히다'도 비슷한 뜻을 가진 말이니, 마음에 드는 표현을 골라 써도 좋아요.

두려움을 누그러뜨리려고 노래를 불렀다.

상황을 실감 나게 표현하는 어휘

📢 이럴 때 사용해요

여자 친구의 마음을 누그러뜨리려고 꽃다발을 준비했다.

남친 널 위해 준비했어. 화난 마음 누그러뜨려 줘!

              나 꽃 알레르기 있는 거 몰라? 여친

남친 그럼… 알레르기 없는 사랑만 줄게.

오빠의 사과에 동생이 시무룩했던 표정을 누그러뜨렸다.

오빠 미안해. 다시는 안 놀릴게. 기분 풀어, 응?

              이번 한 번만 누그러뜨릴 테니까, 다음엔 진짜 조심해. 동생

오빠 약속! 다음엔 웃게만 해 줄게.

📋 어휘를 확장해요

비슷한말
완화하다: 긴장된 상태를 느슨하게 하다. 또는 병의 증상을 누그러지게 하다.
가라앉히다: 흥분이나 괴로운 마음을 차분하게 하다.
달래다: 슬퍼하거나 화를 내는 사람을 어르고 타일러서 편하게 하다.

반대말
끓어오르다: 감정이 갑자기 강하게 치밀어 오르다.

관련 관용구
고삐를 늦추다: 경계심이나 긴장을 누그러뜨리다.

관련 속담
성나 바위 차기: 화가 나서 아무 생각 없이 행동하면 결국 자기만 손해라는 뜻.

등지다

- 사이가 나빠져 멀어지다.
- 무엇을 등 뒤에 두다.
- 관계를 끊고 떠나다.

'등지다'는 '등'과 '지다'를 합친 말이에요. 여기서 '지다'는 '무엇을 뒤에 두다'라는 뜻이에요. 서로를 등 뒤에 두고 있는 모습이니, 결국 등을 돌린다는 말이죠. 사이좋은 사람들은 이렇게 지내지 않겠죠. 그래서 '등지다'는 사이가 나빠지거나 멀어지는 걸 뜻해요. "친구와 등지다"는 친구와 사이가 안 좋아졌다는 뜻이고, "고향을 등지다"는 고향과 멀리하거나 떠난다는 뜻이에요.

방귀 냄새가 지독해 등지고 누웠다.

상황을 실감 나게 표현하는 어휘

📢 이럴 때 사용해요

건강 검진을 할 때 벽을 등지고 키를 쟀다.

의사 자, 키를 재겠습니다. 벽을 등지고 똑바로 서세요.

검진자 벽 쪽 바닥이 움푹 파였는데, 문을 등지고 서면 안 될까요?

의사 안 됩니다. 정확히 재려면 벽을 등져야 해요.

세상을 등지고 산속에서 살아가는 사람들이 있다.

아빠 나도 자연인처럼 도시를 등지고 산에서 살고 싶다.

엄마 허, 가족을 등지고 살겠다는 얘기야?

아빠 가족은 꼭 데려가야지. 다 같이 세상과 등지고 살아 보자고!

📋 어휘를 확장해요

비슷한말
돌아서다: 관계를 끊고 멀어지다.
버리다: 집이나 고향을 떠나 관계를 끊다.

관련 관용구
세상을 등지다: 사람들과 어울려 살지 않고 혼자 깊은 산속에 들어가 살다. 또는 죽음을 완곡하게 이르는 말.

관련 사자성어
배수지진(背水之陣): 물을 등지고 싸우는 전략에서 나온 말로, 물러설 수 없는 각오로 싸운다는 뜻.

관련 속담
담을 쌓고 벽을 친다: 사이좋던 사람들이 철저히 관계를 끊고 등을 돌린다는 말.

먹먹하다

- 귀가 막힌 것처럼 소리가 잘 들리지 않는다.
- 가슴이 꽉 막힌 것처럼 답답하고 불편하다.

불꽃놀이를 볼 때 불꽃이 터지는 소리에 귀가 잘 안 들리는 느낌이 들기도 해요. 이럴 때는 "귀가 먹먹하다"라고 말해요. 귀가 막힌 것처럼 소리가 잘 안 들리는 상황에서 쓰는 말이지요. '먹먹하다'는 가슴이 답답할 때도 써요. "돌아가신 엄마를 생각하면 마음이 먹먹해"처럼 슬프거나 안타까운 감정을 표현할 수 있지요. 가끔 '멍멍하다'로 잘못 쓰는 경우도 있는데, '멍멍하다'는 정신이 멍해질 때 쓰는 말이에요. 귀나 마음이 답답할 때는 꼭 '먹먹하다'를 써야 해요.

**잔소리를 얼마나 들었는지
귀가 먹먹할 지경이다.**

이럴 때 사용해요

수영하다가 귀에 물이 들어갔는지 귀가 먹먹했다.

태지: 어, 귀가 갑자기 잘 안 들리고 먹먹해.
친구: 아까 잠수할 때 물이 들어간 거 아니야?
태지: 그런가? 말소리가 멀리서 들리는 것 같아.

경호는 헤어진 여자 친구 생각에 가슴이 먹먹했다.

선배: 너도 얼른 좋은 사람 만나야지. 소개해 줄까?
경호: 아니요. 전 여친 생각만 하면 마음이 먹먹해서요.
선배: 헤어진 지 5년 됐잖아. 이래서 첫사랑은 무섭다니까.

어휘를 확장해요

비슷한말

답답하다: 숨이 막힐 듯이 괴롭고 불편하다.
갑갑하다: 일이 잘 풀리지 않아 마음이 조마조마하다.
뭉클하다: 감정이나 느낌이 북받쳐 가슴이 꽉 차는 느낌이다.

관련 관용구

숨이 가쁘다: 숨 쉬기 어려울 정도로 너무 힘들거나 급하다.
숨이 막히다: 숨 쉬기 힘들 정도로 긴장되거나 답답하다.

관련 속담

솜뭉치로 가슴 칠 일: 아무리 화나고 억울해도 시원하게 풀 수 없어 몹시 답답하고 원통하다는 뜻.

몰두하다

한 가지 일에 온 정신을 쏟아 깊이 빠지다.

沒 빠질 몰 頭 머리 두

좋아하는 일을 하다 보면 시간 가는 줄 모를 때가 있어요. 그만큼 정신을 집중했다는 뜻이지요. '몰두하다'는 '빠질 몰(沒)' 자와 '머리 두(頭)' 자를 합친 말이에요. 머리를 푹 담그듯 어떤 일에 깊이 빠지는 걸 뜻해요. 집중하고 애쓰는 모습을 나타낼 때 자주 쓰지요. 비슷한말로 '몰입하다'가 있어요. '어떤 대상에 감정이나 마음이 깊이 빠져 하나가 된 상태'를 말해요.

아들이 그림에 몰두하는 모습이 대견하다.

상황을 실감 나게 표현하는 어휘

📢 이럴 때 사용해요

동생이 웬일로 독서에 몰두했다.

엄마: 지훈이는 뭘 하길래 이렇게 조용하니?

누나: 쉿! 자기 방에서 책 읽고 있어요.

엄마: 방문 닫고 게임에 몰두하고 있는 건 아니고?

민우는 평생 몰두하고 싶은 꿈이 생겼다.

친구: 너 요즘 바둑에 푹 빠졌다며? 프로 기사가 되려는 거야?

민우: 맞아. 이세돌 9단처럼 바둑에 몰두하고 싶어.

친구: 멋지다! 그럼 나중에 사인도 부탁해.

📋 어휘를 확장해요

비슷한말

집중하다: 한 가지 일에 모든 힘을 쏟다.
몰입하다: 하나의 일에 깊이 빠져들다.

관련 관용구

시간 가는 줄 모르다: 어떤 일에 푹 빠져서 시간이 지나가는 것도 모르다.

관련 사자성어

불철주야(不撤晝夜): 어떤 일에 빠져 밤낮 없이 쉬지 않고 계속한다는 뜻.

관련 속담

한 우물을 파다: 한 가지 일을 끝까지 꾸준히 하다.
늦게 배운 도둑이 날 새는 줄 모른다: 어떤 일에 늦게 재미를 붙인 사람이 더 열심히 빠져든다는 말.

무모하다

● 깊이 생각하지 않고 행동하다.

無 없을 무 謀 꾀할 모

'무모하다'는 '없을 무(無)' 자와 '꾀할 모(謀)' 자를 합친 말이에요. '깊은 생각이나 지혜가 없다'는 뜻이지요. 어떤 일을 잘하려면 먼저 잘 따져 보고 방법을 생각해야 해요. 그런데 의욕만 앞서서 아무 대책 없이 행동하면 오히려 일이 잘못될 수 있어요. 가끔 '무모함'을 '과감함'으로 착각하는 사람도 있어요. '과감하다'는 '결단력 있고 용감하다'는 뜻이에요. 과감한 행동에는 계획이 있지만, 무모한 행동은 생각 없이 무턱대고 하는 거예요.

치타와 달리기 경주라니, 무모한 도전이다.

이럴 때 사용해요

맨발로 지리산을 오르는 무모한 모험을 하기로 했다.

기자: 맨발로 지리산 등반이라니, 이게 가능한가요?
청년: 무모해 보일지 몰라도 정신력만 있으면 문제없습니다.
기자: 응원하는 분도 있겠지만, 위험해 보이는군요.

대왕 짜장면 먹기에 무모하게 나섰다.

형: 이 짜장면 8인분이래. 양이 생각보다 훨씬 많아.
동생: 10분 안에 다 먹으면 공짜라잖아. 우리 해 보자!
형: 너무 무모한 도전이야. 적당히 먹어!

어휘를 확장해요

비슷한말
경솔하다: 말이나 행동이 조심성 없이 가볍다.
분별없다: 옳고 그름을 잘 판단하지 못하다.

반대말
신중하다: 말이나 행동을 매우 조심스럽게 하다.

관련 사자성어
당랑거철(螳螂拒轍): 사마귀가 수레를 막으려 하는 것처럼, 이길 수 없는 일에 무작정 덤비는 행동을 비유한 말.

관련 속담
개미가 큰 바윗돌을 굴리려고 하는 셈: 힘도 없으면서 감당 못 할 일을 하려는 무모한 행동을 비유한 말.

무성하다

- 풀이나 나무가 빽빽하게 자라 있다.
- 털이나 뿌리가 엉킬 정도로 많이 자라 있다.
- 말이나 소문이 마구 퍼져 떠들썩하다.

茂 무성할 무　盛 성할 성

숲에 가면 나무가 빽빽하게 자란 모습을 볼 수 있어요. 이렇게 풀과 나무가 틈이 없을 정도로 자란 모습을 '무성하다'라고 해요. 생명력이 강해 잘 자란다는 뜻이지요. '무성하다'는 다양한 상황에서 쓸 수 있어요. 풀이나 나무뿐만 아니라, 몸에 난 털이 수북할 때나 소문이 퍼져서 오가는 말이 많을 때도 써요. "수염이 무성하다" "뜬소문이 무성하다"처럼요.

**학창 시절에는 아빠도
머리카락이 무성했다.**

상황을 실감 나게 표현하는 어휘

📢 이럴 때 사용해요

마당에 무성하던 풀이 다 사라졌다.

이웃 무성하던 잡초가 하나도 없네요.

집주인 뽑다가 지쳐서 제초제를 뿌렸어요.

이웃 그랬군요. 직접 뽑기엔 너무 무성하긴 했죠.

커플이 헤어진 이유에 대해 뒷말이 무성하게 퍼져 나갔다.

철수 남자가 먼저 배신했다는 소문이 돌던데, 맞아?

친구 아니, 여자 쪽이 잘못했다는 소문이 무성하던데.

철수 진실은 두 사람만 알 텐데, 뒷말이 왜 이렇게 무성한지 모르겠다.

📋 어휘를 확장해요

비슷한말

수북하다: 식물이나 털이 빽빽하다.
창창하다: 나무나 숲이 짙고 푸르게 우거져 있다.
자자하다: 말이나 소문이 퍼져서 여러 사람 입에 오르내리다.

관련 사자성어

서리지탄(黍離之歎): 나라가 망한 뒤 옛 궁궐터에 풀만 무성한 모습을 보고 슬퍼했다는 뜻으로, 귀하고 빛나는 것도 언젠가는 사라진다는 말.

관련 속담

가지 많은 나무에 바람 잘 날이 없다: 자식이 많은 부모는 걱정이 끊이지 않는다는 뜻.

발휘하다

● 가지고 있는 재능이나 능력을 드러내 보이다.

發 필 발 揮 휘두를 휘

'발휘'는 '필 발(發)' 자와 '휘두를 휘(揮)' 자로 이루어졌어요. 그래서 재능이나 힘을 드러내 잘 해내는 걸 말해요. 주로 "진가를 발휘하다" "능력을 발휘하다"처럼 좋은 의미로 쓰지요. 비슷한 표현으로는 '생각이나 기세를 힘차게 펼친다'는 뜻의 관용구 '날개를 펴다'가 있어요. 여러분도 자신의 능력을 발휘할 준비가 되었나요? 망설이지 말고 멋지게 날개를 펼쳐 보세요!

엄마가 오랜만에 요리 실력을 **발휘했다.**

상황을 실감 나게 표현하는 어휘

 이럴 때 사용해요

메시는 대회마다 놀라운 실력을 발휘한다.

아빠　오늘도 메시가 경기장을 휘젓는구나.

　　　　　　　경기를 장악하는 모습이 예술이에요.　아들

아빠　역시, 대회마다 실력을 제대로 발휘하네.

바둑 기사는 위기 상황에도 집중력을 발휘했다.

해설자　상대의 공격이 매섭습니다!

　　　　　이런 순간에도 집중력을 발휘하는 게 저 선수의 강점이죠.　기자

해설자　오! 절묘한 수예요. 놀랍습니다!

어휘를 확장해요

비슷한말

떨치다: 이름이나 능력이 널리 알려지다.
휘날리다: 이름이나 명성이 널리 퍼지다.

참고 어휘

진가: 진짜 실력이나 참된 값어치.

관련 관용구

물 만난 고기: 잘할 수 있는 기회를 만나 활약하는 모습을 비유한 말.

관련 사자성어

비육지탄(髀肉之歎)**:** 재능을 발휘할 기회가 없어 헛되이 세월만 보내는 것을 한탄하는 말.

불사르다

- 불에 태워 없애다.
- 어떤 것을 흔적 없이 없애 버리다.

'사르다'는 '불에 태워 없애다'라는 뜻이에요. '불사르다'는 '불'과 '사르다'를 합친 말로, 같은 뜻이지만 불태우는 행동을 더 강하게 나타내요. 이 말은 어떤 것을 완전히 없애 버릴 때도 써요. 비슷한말로 '불태우다'가 있어요. 불을 붙여 타게 하거나, "열정을 불태우다"처럼 의욕을 드러낼 때 쓰지요. 반면 '불사르다'는 주로 실제로 태워 없애는 상황에 써요.

부모님 몰래 성적표를 불살라 버렸다.

상황을 실감 나게 표현하는 어휘

📢 이럴 때 사용해요

공부에 집중하기 위해 잡생각을 불살랐다.

엄마: 무슨 종이를 그렇게 불사르니?
딸: 예전 남자 친구한테 받은 편지예요. 이제 다 정리하려고요.
엄마: 편지만이 아니라 네 마음속 미련도 불살라 버리렴.

공부에 집중하기 위해 잡생각을 불사르기로 했다.

친구: 민지야, 오늘도 시험 걱정 중이야?
민지: 아니, 이제 그런 걱정 다 불살랐어. 공부에만 집중할 거야!
친구: 멋지다! 쓸데없는 생각은 불사르고 열정만 남겼네!

📋 어휘를 확장해요

비슷한말

소각하다: 불에 태워서 없애다.
지피다: 아궁이나 화덕에 나무를 넣어 불을 붙이다.
말소하다: 기록이나 표시를 없애다.
인멸하다: 자취도 없이 모두 없어지다. 또는 그렇게 없애다.

관련 사자성어

분서갱유(焚書坑儒): 중국 진나라 시황제가 사람들의 생각을 통제하려고 책을 불태우고 학자들을 죽인 사건을 이르는 말.

관련 속담

빈대 잡으려다 초가삼간 다 태운다: 작은 문제를 없애려다 큰 손해를 본다는 뜻.

비꼬다

- 실이나 끈을 비틀어 꼬다.
- 몸을 바르게 하지 않고 비틀다.
- 남을 놀리듯이 빈정거리며 말하다.

옛날에는 새끼줄을 꼴 때 지푸라기 여러 가닥을 두 손으로 비비며 엇갈리게 감았어요. '비꼬다'는 이런 동작에서 나온 말이에요. 이 말의 뜻이 점점 넓어져, 기분 나쁘게 말을 돌려 하거나 삐딱하게 표현하는 것을 가리키게 되었지요. 예를 들어, "넌 인기가 많아서 정말 피곤하겠다"라는 말은 겉으로는 걱정하는 것처럼 들리지만, 듣는 사람은 시기나 빈정거림으로 느낄 수 있어요. 이렇게 비꼬는 말은 상대의 마음을 상하게 하니, 하지 않는 게 좋아요.

난 **비꼬아서** 만든 꽈배기를 특히 좋아한다.

상황을 실감 나게 표현하는 어휘

📢 이럴 때 사용해요

수업 중 민준이가 팔다리를 비꼬며 안절부절못했다.

선생님: 민준아, 아까부터 왜 자꾸 몸을 비꼬니?

민준: 소변이 마려워서요.

선생님: 그럼 진작 말하지 그랬니. 얼른 화장실에 다녀와.

영지는 친구의 비꼬는 말투가 못마땅했다.

친구: 너 패션 감각 뛰어나다. 꼭 호박에 줄 그어 놓은 것 같아, 호호!

영지: 왜 그렇게 말을 비꼬아? 네가 들으면 기분 좋겠어?

친구: 흥, 눈치는 있네.

📋 어휘를 확장해요

비슷한말

빈정대다: 남을 은근히 놀리고 비웃는 말을 하다.
비아냥거리다: 얄밉게 빈정대며 놀리다.
야유하다: 남을 비웃으며 놀리다.
풍자하다: 남의 잘못을 다른 것에 빗대어 비웃고 드러내다.

관련 속담

소 잃고 외양간 고친다: 일이 잘못된 뒤에 고쳐도 소용없다는 뜻으로, 뒤늦은 행동을 비꼬는 말.
열무김치 맛도 안 들어서 군내부터 난다: 아직 철도 안 들었는데 벌써부터 버릇을 잘못 들였다고 못마땅해하며 비꼬는 말.

빗발치다

- 빗줄기가 거세게 쏟아지다.
- 어떤 말이나 행동이 계속 세게 이어지다.
- 요구나 항의 등이 끊이지 않고 쏟아지다.

여름에 쏟아지는 소나기는 빗줄기가 아주 세요. 이렇게 빗금처럼 죽죽 내리는 비를 '빗발'이라고 해요. '빗발치다'는 비가 세차게 퍼붓는 모습을 뜻해요. 이 말은 총알이나 화살이 쏟아지는 상황을 비유할 때 자주 쓰여요. "총알이 빗발치듯 날아왔다"처럼요. 또 누군가를 향한 비난이나 항의, 요청이 쉴 새 없이 이어질 때도 "질문이 빗발쳤다" "항의가 빗발쳤다"처럼 표현해요.

홍길동은 빗발치는 화살을 피해 살아남았다.

상황을 실감 나게 표현하는 어휘

 이럴 때 사용해요

일기 예보에도 없던 비가 빗발치기 시작했다.

사장: 주문 전화가 빗발치는데, 날씨가 안 좋아서 어쩌지?

배달원: 걱정 마세요. 빗속을 뚫고서라도 배달하러 갈게요.

사장: 고맙다. 조심해서 다녀와.

음주 운전을 한 연예인이 나타나자, 비난이 빗발쳤다.

기자: 부정적인 여론이 빗발치는데, 어떻게 대응하실 예정인가요?

연예인: 저는 비난받아 마땅합니다. 정말 죄송합니다.

기자: 온라인 댓글도 사과만으로 부족하다는 반응이 많습니다.

 어휘를 확장해요

비슷한말

쇄도하다: 전화나 주문 등이 한꺼번에 몰려오다.
몰아치다: 어떤 일이 한꺼번에 거세게 일어나다.
세차다: 기운이나 움직임이 아주 세고 빠르다.

관련 관용구

비 오듯: 화살이나 총알이 쏟아지듯 많이 날아오다. 또는 눈물이나 땀이 줄줄 흘러내리다.

관련 사자성어

창림탄우(槍林彈雨): 창과 총알이 빗발치는 아주 치열한 싸움이라는 뜻.

삼가다

- 말이나 행동을 조심하다.
- 양이나 횟수가 지나치지 않도록 피하다.

'삼가다'는 말이나 행동을 조심해서 실수하지 않으려는 태도를 말해요. 예를 들어 "공공장소에서는 큰 소리로 떠드는 것을 삼가야 해요"처럼 써요. 또한 어떤 것을 피하거나 빈도를 줄인다는 뜻도 있어요. "자극적인 음식을 삼가다"처럼요. 가끔 '삼가하다'로 쓰는 경우도 있는데, 이는 틀린 말이에요. 그래서 "흡연을 삼가해 주십시오"는 잘못된 표현이지요. "흡연을 삼가 주십시오"라고 써야 해요.

밤늦게 뛰거나 소음을 내는 행동은 삼가야 한다.

상황을 실감 나게 표현하는 어휘

🔊 이럴 때 사용해요

요즘 살이 자꾸 쪄서 군것질을 삼가고 있다.

- 엄마: 야식으로 군고구마 먹을래? 방금 구웠어.
- 딸: 저 요즘 다이어트 중이라서요. 안 먹을래요.
- 아빠: 다이어트 중이 아니어도 건강을 위해 야식은 삼가는 게 좋아.

운전 중에는 휴대 전화 사용을 삼가야 한다.

- 경찰: 운전 중에 휴대 전화 쓰시면 안 됩니다.
- 운전자: 죄송합니다. 앞으로는 꼭 삼가겠습니다.
- 경찰: 사고로 이어질 수 있으니 꼭 지켜 주세요.

📋 어휘를 확장해요

비슷한말
- **꺼리다:** 피해가 생길까 봐 어떤 일을 피하거나 싫어하다.
- **멀리하다:** 어떤 사람이나 물건을 피하거나 조심하다.
- **자제하다:** 하고 싶은 마음이나 감정을 스스로 누르다.

반대말
- **부주의하다:** 조심하지 않다.

관련 속담
- **깨어진 요강 단지 받들듯:** 아주 조심스럽게 행동하는 모습을 비유한 말.
- **발 없는 말이 천 리 간다:** 말은 빨리 퍼지니, 말조심해야 한다는 뜻.

설치다

- 가만있지 못하고 함부로 움직이다.
- 조급하게 행동하다.
- 충분히 하지 못하다.

'설치다'는 앞장서서 함부로 행동하는 것을 말해요. 다른 사람을 생각하지 않고 거칠게 덤비거나 부산스럽게 움직일 때 쓰지요. 주로 부정적인 뜻으로, 차분하지 못하고 통제되지 않은 행동을 가리켜요. 예를 들어 "주제도 모르고 설친다" "아침부터 왜 이렇게 설치고 다니니?"라고 말해요. 또 다른 뜻으로는 "잠을 설치다"처럼 '충분히 하지 못하다'라는 의미도 있어요.

간밤에 모기떼 때문에 잠을 설쳤다.

상황을 실감 나게 표현하는 어휘

📢 이럴 때 사용해요

동구는 나서기 좋아하는 성격이라 여기저기 설치고 다닌다.

동구: 친구들이 기운이 없네. 내가 분위기 좀 띄워 볼까?

친구: 어휴, 그만 설치고 너도 좀 쉬어.

동구: 난 재밌으라고 한 건데, 왜 그렇게 타박해?

여행 가는 날, 동생이 새벽부터 설쳤다.

동생: 다들 서둘러요! 길 막히기 전에 출발해야죠.

아빠: 기차 타고 가는데 길이 왜 막히니?

엄마: 전혀 설칠 필요가 없는데 괜히 저러는 거야. 못 말려.

📋 어휘를 확장해요

비슷한말

날뛰다: 함부로 거칠게 행동하다.
덤벼들다: 막무가내로 대들거나 달려들다.
나대다, 나부대다: 얌전히 있지 못하고 촐랑거리다.

반대말

차분하다: 마음이 가라앉아 조용하다.
얌전하다: 행동이나 태도가 침착하고 조용하다.

관련 속담

미친개가 호랑이 잡는다: 겁 없이 덤비면 어떤 무서운 짓도 저지를 수 있다는 말.

소스라치다

• 깜짝 놀라서 몸이 움찔하며 움직이다.

'소스라치다'는 깜짝 놀라서 온몸이 갑자기 움찔하는 것을 말해요. 아주 큰 소리나 무서운 장면, 예기치 못한 일이 일어날 때 사람은 저절로 몸이 움직이거나 심장이 철렁 내려앉는 것처럼 느끼지요. 이런 순간을 두고 "소스라쳤다"고 해요. 비슷한 표현으로 '간담이 떨어지다'가 있어요. 너무 놀라거나 무서워 간이 쏙 빠지고 담이 주저앉은 듯한 느낌을 표현한 말이에요.

주방에서 바퀴벌레를 보고 소스라치게 놀랐다.

상황을 실감 나게 표현하는 어휘

📢 이럴 때 사용해요

진우는 영화에서 귀신이 등장하자 소스라치게 놀랐다.

진우: 으, 이쯤 되면 뭔가 나오던데….

친구: 난 이미 손에 땀 났어.

진우: 헉! 나왔다! 소스라치게 놀라서 팝콘 쏟을 뻔했잖아!

갑자기 자동차가 튀어나와서 소스라치며 몸을 피했다.

보행자: 깜짝이야! 방금 소스라치게 놀랐어요!

운전자: 죄송합니다! 다친 데는 없으세요?

보행자: 괜찮아요. 다음엔 꼭 조심해 주세요.

📋 어휘를 확장해요

비슷한말

놀라다: 무섭거나 뜻밖의 일을 겪어 가슴이 두근거리다.
움찔하다: 놀라서 순간 몸이 움츠러들다.
흠칫하다: 깜짝 놀라 몸을 움츠리다.
까무러치다: 너무 놀라거나 아파서 정신을 잃다.

관련 관용구

간담이 떨어지다: 간이 떨어질 것처럼 너무 놀라다.

관련 속담

자라 보고 놀란 가슴 솥뚜껑 보고 놀란다: 한 번 놀란 사람은 비슷한 것만 봐도 또 놀란다는 뜻.

수수하다

- 물건이나 옷차림이 화려하거나 나쁘지 않고 평범하다.
- 성격이 꾸밈이 없고 까다롭지 않아 편안하다.

"넌 참 수수한 사람이구나"라는 말을 들으면 칭찬인지 아닌지 헷갈릴 때가 있어요. '수수하다'는 겉모습이나 옷차림이 화려하지 않고 단정할 때 쓰는 말이에요. 또 성격이 솔직하고 까다롭지 않아 사람들과 잘 어울릴 것 같을 때도 써요. 겸손하고 소박한 느낌을 주는 말로, 대체로 긍정적인 뜻이지요. 다만 문맥에 따라 '평범하다'는 의미로 쓰일 수 있으니 앞뒤 상황을 잘 살펴야 해요.

내 이상형은 수수하면서도 평범하지 않은 사람이다.

상황을 실감 나게 표현하는 어휘

📢 이럴 때 사용해요

호텔은 화려한 외관과 달리 내부가 수수하고 단정했다.

- 손님: 장식이 과하지 않고 분위기가 수수해서 마음에 들어요.
- 지배인: 네. 아늑하고 편안한 공간을 만들고자 했습니다.
- 손님: 좋아요. 저처럼 수수한 사람에게 딱이에요.

수수한 사람은 누구와도 잘 어울린다.

- 윤지: 어제 온 전학생, 수수해 보이지 않아?
- 친구: 맞아. 성격도 털털해서 금방 잘 어울릴 것 같더라.
- 윤지: 우리 반 분위기를 잘 살려 줄 것 같아서 기대돼.

📋 어휘를 확장해요

비슷한말

검소하다: 사치스럽지 않고 단순하다.
소박하다: 꾸밈이 없고 자연스럽다.
털털하다: 성격이 까다롭지 않고 느긋하다.

반대말

화려하다: 아주 눈에 띄고 꾸밈이 많다.
까다롭다: 복잡하고 엄격하다.

관련 속담

오리알에 제 똥 묻은 격: 평범해서 잘 드러나지 않거나 티 나지 않다는 뜻.
가늘게 먹고 가늘게 살아라: 욕심부리지 말고 검소하게 살라는 말.

숱하다

○ 아주 많고 흔하다.

머리카락이 많은 사람을 보면 "머리숱이 많구나"라고 말해요. '숱'은 머리카락이나 수염 같은 털의 양을 가리켜요. 이 말에 접미사 '-하다'가 붙은 '숱하다'는 수량이 많다는 뜻이에요. 또 어떤 일이 자주 일어나거나, 정도가 매우 심하다는 뜻도 있지요. "그런 일은 이 동네에서 숱하게 봤어" "공부를 잘할 방법을 숱하게 고민했어"처럼 써요. 가끔 '숫하다'로 쓰는 경우가 있는데, '숱하다'가 맞는 말이에요.

봄이 되면 수업 시간에 조는 학생이 숱하다.

상황을 실감 나게 표현하는 어휘

 이럴 때 사용해요

영화가 개봉하자마자 숱한 화제를 불러일으켰다.

진수: 이 영화가 요즘 화제라며?

친구: 영화 처음부터 끝까지 유령이 숱하게 나온대.

진수: 재미있겠는데? 우리 이거 보자.

여자 친구와 싸우고 나서 숱하게 후회했다.

남친: 미안해…. 그날 이후로 숱하게 후회했어.

여친: 이제 와서 후회하면 뭐 해.

남친: 정말 미안해. 한 번만 더 기회를 줄래?

어휘를 확장해요

비슷한말

수두룩하다: 많고 흔하다.
허다하다: 수가 매우 많다.
비일비재하다: 자주 일어나고 흔하다.
다반사: 차를 마시고 밥을 먹는 일처럼 흔한 일.

반대말

드물다: 수가 적고 흔하지 않다.
희귀하다: 매우 드물고 보기 어렵다.

관련 사자성어

부지기수(不知其數): 셀 수 없을 만큼 아주 많다는 뜻.

시급하다

● 조금도 늦출 수 없을 만큼 매우 급하다.

時 때 시 **急** 급할 급

시간에 쫓길 만큼 몹시 급할 때 '시급하다'라는 말을 써요. 그냥 급한 일이 아니라, 꼭 서둘러 해결해야 하는 중요한 일에 쓰는 말이에요. 그래서 회의나 뉴스 같은 데서 자주 나와요. "출생률을 높이기 위한 대책 마련이 시급하다" "잘못된 일을 바로잡기 위해 결단이 시급하다"처럼요. 시급한 일은 미루면 안 되기 때문에 빨리 판단하고 행동해야 해요. 일상에서는 보통 '급하다'라는 말을 더 자주 써요.

학교 앞 불법 주정차 단속이 시급하다.

상황을 실감 나게 표현하는 어휘

 이럴 때 사용해요

기후 위기 문제는 더 이상 미룰 수 없는 시급한 과제다.

아빠: 요즘 뉴스 보면 환경 문제가 정말 심각하더라.

아들: 저는 기후 위기가 제일 걱정돼요. 이상 기후가 너무 심하잖아요.

아빠: 맞아. 그래서 탄소 배출을 줄이는 일이 정말 시급하지.

흥부는 식구들을 위해 쌀을 시급히 구해 와야 한다.

흥부: 여보, 왜 부엌에 가만히 서 있어요?

아내: 쌀이 뚝 떨어졌어요. 아이들 밥도 없고요.

흥부: 큰일이네요. 시급한 일부터 해결해야죠. 놀부 형님께 다녀올게요.

 어휘를 확장해요

비슷한말

다급하다: 일이 당장 닥쳐 매우 급하다.
조급하다: 여유 없이 마음이 급하다.
급박하다: 시간이 없고 몹시 급하다.
절박하다: 급한 일이 바로 눈앞에 닥쳐 있다.

관련 관용구

발등에 불이 떨어지다: 당장 처리해야 할 일이 생기다.
불똥이 떨어지다: 눈앞에 급한 일이 닥치다.
한시가 급하다: 매우 급하다.

어처구니없다

• 너무 뜻밖이거나 말도 안 되는 일이라 기가 막히다.

옛 궁궐 지붕을 보면 처마 끝에 흙으로 만든 동물들이 줄지어 앉아 있어요. 이를 '잡상' 또는 '어처구니'라고 해요. 귀신을 막기 위해 궁궐이나 집 안 구석에 두던 장식이에요. 그런데 기와를 얹을 때 이를 빼먹으면 관리들이 "어처구니가 없군" 하고 말했다고 해요. 그래서 '어처구니없다'는 말이 생겼다고 전해져요. '어처구니'는 원래 크고 이상한 물건이나 사람을 뜻하지만, 지금은 거의 쓰이지 않고 '어처구니없다'처럼 놀랍거나 황당할 때 자주 사용해요.

**다 끓인 라면을 옮기다
어처구니없이 엎질렀다.**

상황을 실감 나게 표현하는 어휘

📢 이럴 때 사용해요

학생이 학교를 관두고 싶다는 어처구니없는 소리를 했다.

학생: 아침 일찍 학교 오는 게 너무 힘들어요. 그냥 관두고 싶어요.

선생님: 그런 어처구니없는 말은 처음 듣는구나.

학생: 저녁형 인간의 고충도 이해해 주세요!

현지는 자기 자리에 다른 사람이 앉아 있어 어처구니없었다.

현지: 여기 제 자리인데요. 좌석표 좀 확인해 보시겠어요?

승객: 어처구니없게도 제가 내일 날짜로 예매했네요. 죄송합니다.

현지: 괜찮아요. 누구나 실수할 수 있죠.

📋 어휘를 확장해요

비슷한말

기막히다: 놀랍고 황당하다.
어이없다: 너무 뜻밖이라 놀랍고 기가 막히다.

관련 관용구

말문이 막히다: 너무 놀라거나 어이가 없어서 아무 말도 못 하다.

관련 속담

소가 짖겠다, 돌부처가 웃을 노릇: 너무 황당하고 어처구니없는 일이라는 뜻.
까마귀 아래턱이 떨어질 소리: 말도 안 되는 소리를 들었을 때, 어처구니없다는 뜻으로 하는 말.

얼버무리다

- 말이나 행동을 분명하게 하지 않고 대충 넘기다.
- 여러 가지를 대충 섞다.
- 음식을 잘 씹지 않고 그냥 넘기다.

'버무리다'는 '여러 가지를 넣어 골고루 섞다'라는 뜻이에요. 여기에 '분명하지 않게'라는 뜻의 접두사 '얼-'이 붙으면 '얼버무리다'가 되지요. 이 말은 이것저것 뒤섞어 말을 슬쩍 넘기거나 행동을 흐지부지하게 하는 걸 뜻해요. 예를 들어 말을 흐리거나, 밥을 대충 씹어 먹거나, 음식을 제대로 섞지 않을 때 쓸 수 있어요. 분명한 걸 좋아하는 사람에게는 얼버무리는 태도가 답답하게 느껴지겠지요?

아들이 밥을 게 눈 감추듯 **얼버무려** 삼킨다.

상황을 실감 나게 표현하는 어휘

📢 이럴 때 사용해요

경수는 말을 얼버무리는 습관이 있다.

아빠: 내일 숙제는 다 했니?

경수: 어, 그러니까… 거의 다 했는데 좀 남아서요….

아빠: 얼버무리지 말고 정확히 말해 주렴.

식당 손님들이 양념을 얼버무린 겉절이를 계속 찾는다.

명수: 이 겉절이가 진짜 맛있어.

친구: 그러게. 양념을 얼버무린 것 같은데 감칠맛이 나네.

명수: 보쌈이랑 찰떡이야. 사장님, 겉절이 더 주세요!

📝 어휘를 확장해요

비슷한말

뒤섞다: 여러 가지를 마구 섞다.
흐지부지하다: 분명하게 하지 않고 어물쩍 넘기다.
얼렁뚱땅하다: 상황을 슬쩍 넘기다.

참고 어휘

게 눈 감추듯: 음식을 순식간에 빨리 먹어 치우는 것을 비유한 말.

관련 사자성어

애매모호(曖昧模糊): 말이나 태도가 흐릿하고 분명하지 않다는 뜻.
유야무야(有耶無耶): 어떤 일을 분명히 하지 않고 흐지부지 넘긴다는 뜻.

관련 속담

구렁이 담 넘어가듯: 일을 슬쩍 넘기는 모습을 비유한 말.

이바지하다

- 어떤 일이 잘되도록 힘을 보태다.
- 정성껏 물건을 준비하다.

어떤 일이 잘되도록 도와주는 것을 '이바지하다'라고 해요. 이 말은 원래 '잔치하다' '대접하다'라는 뜻의 옛말 '이받다'에서 나왔어요. 옛날에는 '이바디'라고 발음하다가 지금처럼 '이바지'로 변했지요. 요즘도 결혼할 때 신붓집에서 신랑집으로 보내는 음식을 '이바지 음식'이라고 해요. 이 말은 점점 '도움'과 '기여'의 뜻으로 넓어져 "경제 발전에 이바지하다"처럼 쓰여요.

형은 나의 키 성장에 크게 이바지했다.

상황을 실감 나게 표현하는 어휘

📢 이럴 때 사용해요

삼촌은 지역 발전에 이바지하기 위해 봉사 활동을 한다.

조카: 삼촌, 어디 가세요?
삼촌: 혼자 사는 어르신들께 드릴 김치 담그기 행사에 가는 길이야.
조카: 저도 같이 가서 우리 동네 발전에 이바지하고 싶어요!

챗GPT는 IT 산업과 디지털 혁신에 이바지했다.

전문가: 챗GPT는 AI 혁명을 이끌었습니다.
기자: 특히 어떤 산업 분야에 이바지했다고 볼 수 있을까요?
전문가: 로봇은 물론, 의료와 교육 산업 발전에도 크게 이바지했지요.

📝 어휘를 확장해요

비슷한말

공헌하다: 힘을 보태어 큰일에 이바지하다.
기여하다: 어떤 일에 도움이 되게 하다.
돕다: 남을 거들거나 힘을 보태 주다.
힘쓰다: 도움을 주려고 애를 쓰다.

관련 사자성어

억만지심(億萬之心): 사람마다 생각이 달라, 마음을 하나로 모아 나라를 위해 힘쓰지 않는다는 뜻.
성심성의(誠心誠意): 거짓 없이 참되고, 정성을 다한다는 뜻.

진동하다

- 자꾸 흔들리며 움직이다.
- 냄새가 아주 심하게 나다.

振 떨칠 진 動 움직일 동

'진동하다'는 '떨칠 진(振)' 자와 '움직일 동(動)' 자를 합친 말이에요. 물체가 반복해 흔들리고 움직이는 걸 뜻해요. 시계추가 왔다 갔다 하거나 배가 파도에 흔들리는 것도 진동이에요. 또 "악취가 진동하다"처럼 냄새가 심하게 날 때도 써요. 비슷한말로 '고약하다' '구리다'가 있지요. 참고로 '우레 진(震)' 자를 쓴 '진동(震動)'은 "지진으로 땅이 진동하다"처럼 큰 울림이 있는 흔들림을 말해요.

교실에 방귀 냄새가 진동한다.

📢 이럴 때 사용해요

위층에서 휴대 전화가 밤새도록 진동했다.

세연 아니, 왜 그렇게 피곤해 보여?

친구 어젯밤 윗집 휴대 전화가 진동해서 한숨도 못 잤어.

세연 그랬구나. 진동 소리가 은근히 커서 잠 설치기 딱이지.

아기방에 걸어 둔 모빌이 이리저리 진동했다.

언니 엄마, 아기가 팔을 흔들면서 웃어요!

엄마 네가 걸어 둔 모빌이 왔다 갔다 진동하니까 재미있나 봐.

언니 헤헤, 웃는 얼굴 사진으로 찍어야겠다!

📋 어휘를 확장해요

비슷한말
흔들리다: 이리저리 자꾸 움직이다.
떨리다: 몸이나 목소리가 자꾸 흔들리다.
동요하다: 물체가 이쪽저쪽으로 흔들리다.
고약하다: 맛이나 냄새가 몹시 나쁘다.
구리다: 똥이나 방귀처럼 고약한 냄새가 나다.

반대말
정지하다: 움직이지 않고 멈추다.
안정하다: 흔들림 없이 고요하다.

관련 사자성어
산명진동(山鳴震動): 산이 울리고 크게 흔들리는 모습을 이르는 말.

처치하다

- 어떤 일을 맡아 처리하다.
- 문제를 없애거나, 사람이나 물건을 해치다.
- 상처나 병을 치료하다.

處 곳 처 置 둘 치

'처치하다'는 여러 상황에서 쓰이는 말이에요. "밀린 숙제를 먼저 처치해야겠다"처럼 어떤 일을 맡아 처리하거나 해결한다는 뜻이 있어요. "적군을 차례로 처치했다"는 사람을 죽이거나 어떤 것을 없앴다는 뜻으로 쓰인 문장이에요. 의료에서는 "이마에 난 상처를 재빨리 처치했다"처럼 상처나 병을 치료한다는 뜻으로 자주 써요. 이처럼 '처치하다'는 상황에 따라 뜻이 달라지니 문맥을 잘 살펴 써야 해요.

자기가 저지른 일은 스스로 처치해야 한다.

상황을 실감 나게 표현하는 어휘

📢 이럴 때 사용해요

겨우내 고구마를 처치하느라 물릴 지경이다.

엄마: 얘들아, 군고구마 먹자. 이거 썩기 전에 얼른 처치해야 해.

형: 도대체 몇 개나 산 거예요? 매일 먹는 것 같아요.

동생: 맞아요. 진짜 물릴 지경이에요.

칼질하다 베인 손을 재빨리 소독하며 처치했다.

요리사: 칼에 손을 좀 베였어요. 구급상자 어디 있죠?

관리자: 아이고, 피가 많이 나네요. 일단 소독부터 합시다.

요리사: 감사합니다. 응급 처치만 하고 병원에 가 볼게요.

📋 어휘를 확장해요

비슷한말

없애다: 어떤 것을 사라지게 하다.
조치하다: 벌어진 일을 해결하기 위해 알맞은 방법을 쓰다.
수습하다: 어지러운 상황을 정리하다.
치료하다: 병이나 상처를 낫게 하다.

관련 관용구

손이 빠르다: 일을 재빠르게 처리하다.

관련 사자성어

행운유수(行雲流水): 구름이 가고 물이 흐르듯, 일을 막힘없이 처리한다는 뜻.

캐묻다 ● 자꾸 따지듯이 묻다.

'캐묻다'는 '캐다'와 '묻다'를 합친 말이에요. 마치 땅속에 묻힌 것을 캐내듯, 숨겨진 일을 자꾸 물어보는 행동을 뜻하지요. 알고 싶은 일을 끝까지 파고들며 질문할 때 자주 써요. 그래서 '꼬치꼬치' '미주알고주알' 같은 부사와 잘 어울려요. "꼬치꼬치 캐묻다" "미주알고주알 캐물었다"처럼 쓰면, 아주 자세하고 집요하게 묻는 모습을 떠올릴 수 있어요.

엄마가 왜 이렇게 늦게 들어왔냐며 캐물었다.

상황을 실감 나게 표현하는 어휘

📢 이럴 때 사용해요

친구가 내 연애 이야기를 자꾸 캐물었다.

친구: 너 솔직히 말해 봐. 요즘 만나는 사람 있지?

영수: 아니, 바빠서 그럴 틈도 없어. 괜히 캐묻지 마.

친구: 수상한데? 좋아하는 사람 생긴 거 맞지?

기자가 배우의 사생활을 집요하게 캐물었다.

기자: 요즘 돌고 있는 열애설, 사실인가요?

배우: 사적인 일이라 답변드리기 어렵습니다.

매니저: 드라마 제작 발표회는 배우의 사생활을 캐묻는 자리가 아닙니다.

📋 어휘를 확장해요

비슷한 말
따지다: 문제가 되는 일을 자꾸 묻고 정확한 답을 요구하다.
심문하다: 자세히 따져서 묻다.
추궁하다: 잘못한 일에 대해 엄하게 묻고 따지다.

참고 어휘
꼬치꼬치: 낱낱이 따지고 캐묻는 모습.
미주알고주알: 아주 사소한 일까지 속속들이.

관련 속담
미주알고주알 캔다: 어떤 일을 낱낱이 알아보려는 모습을 비유한 말.

팽팽하다

- 줄이나 천이 늘어지지 않고 곧게 당겨져 있다.
- 서로 힘이 비슷하다.
- 남거나 모자람 없이 빠듯하다.
- 성격이 까다롭고 너그럽지 않다.
- 분위기나 상황이 매우 긴장되어 있다.

줄다리기를 할 때 양쪽에서 줄을 세게 당기면 줄이 바짝 당겨지죠. 이렇게 줄이 바짝 당겨진 상태를 '팽팽하다'라고 해요. 이 말은 여러 상황에 쓰여요. '팽팽한 고무줄' '팽팽한 대결' '팽팽한 살림' '팽팽한 성격' '팽팽한 긴장감'처럼요. 뜻은 조금씩 달라도 모두 느슨함이 없는 긴장된 느낌을 줘요. 여러분은 팽팽하다는 말을 들으면 어떤 분위기가 떠오르나요?

낚싯줄이 **팽팽한** 걸 보니, 월척이다!

상황을 실감 나게 표현하는 어휘

📢 이럴 때 사용해요

야구 경기에서 선수 팀과 일반인 팀이 팽팽한 승부를 펼쳤다.

캐스터　오늘 경기는 정말 누가 이길지 예측하기 어렵네요.

　　　　　　　　두 팀이 이렇게 팽팽한 대결을 벌일 줄은 몰랐어요.　해설자

캐스터　9회 말, 경기장에 다시 긴장감이 감돕니다.

시험 결과 발표를 앞두고 교실에 팽팽한 긴장감이 흐른다.

민규　왜 이렇게 조용해? 숨소리도 안 들리네.

　　　　　　　곧 성적표 나오잖아. 지금 교실 분위기가 완전 팽팽해.　친구

민규　종 치는 소리만 들어도 깜짝 놀라겠어.

📋 어휘를 확장해요

비슷한말
핑핑하다: 줄이 세게 당겨져 있다.
단단하다: 느슨하지 않고 튼튼하다.
비등비등하다: 서로 비슷비슷하다.
빳빳하다: 단단해서 잘 구부러지지 않다.

관련 관용구
공기가 팽팽하다: 모두 긴장해서 분위기가 딱딱하고 조용하다.

관련 사자성어
일촉즉발(一觸卽發): 건드리기만 해도 폭발할 것 같은 아주 위험하고 긴장된 상태를 이르는 말.

홀가분하다

- 마음이나 몸이 가볍고 편안하다.
- 일이 간단해서 다루기 쉽다.

오랫동안 고민하던 일을 해결하거나 무거운 책임에서 벗어나면 "마음이 홀가분하다"라는 말을 써요. '홀가분하다'는 신경 쓰이거나 귀찮은 일이 사라져 마음이 편안한 상태를 뜻해요. 비슷한말로는 '후련하다' '단출하다'가 있어요. 마음의 짐을 내려놓으면 가볍고 상쾌한 기분이 들어요. '홀가분하다'는 심리적으로 편안하고 자유로운 상태를 나타내는 긍정적인 표현이에요.

다리에 하고 있던 깁스를 푸니 홀가분하다.

상황을 실감 나게 표현하는 어휘

📢 이럴 때 사용해요

시험을 마친 언니가 홀가분한 표정으로 교실을 나왔다.

동생: 시험 치느라 고생 많았어. 진짜 홀가분해 보인다.

언니: 그동안 공부한 걸 다 쏟아냈어. 이제 후회 없어.

동생: 최선을 다했으니 좋은 결과 있을 거야.

일이 생각보다 홀가분해서 금방 끝낼 수 있었다.

현우: 일이 복잡할 줄 알았는데 생각보다 쉽게 풀렸어.

동료: 이 정도 일은 우리 같은 전문가에겐 홀가분한 수준이지.

현우: 그러게. 덕분에 오늘 퇴근도 일찍 하겠다!

📋 어휘를 확장해요

비슷한말

간단하다: 복잡하지 않고 쉽다.
단출하다: 식구나 물건이 많지 않고 간단하다.
시원하다: 마음이 가볍고 개운하다.
후련하다: 답답한 마음이 풀려서 시원하다.

관련 관용구

어깨가 가볍다: 책임이나 걱정이 사라져 마음이 편하다.

관련 속담

십 년 묵은 체증이 내리다: 오래된 답답함이 한꺼번에 풀려서 속이 아주 시원하다는 뜻.

걸림돌 고삐 밑거름 바늘구멍 부채질하다 살얼음판

샛별 식은땀 쏜살같이 쐐기 악착같이 턱걸이 티끌

걸림돌

- 길을 걸을 때 발에 걸려 넘어지게 하는 돌.
- 일을 하는 데 방해가 되는 장애물을 비유한 말.

'걸림돌'은 길을 가다 발이 걸리는 돌부리를 말해요. '걸리다'와 '돌'을 합친 말이지요. 뜻이 넓어져 어떤 일을 방해하는 물건이나 문제를 가리키기도 해요. 시험공부할 때 자꾸 눈길이 가는 스마트폰처럼요. 반대로 '디딤돌'은 마루 아래에 놓아 오르내릴 때 밟는 돌을 뜻해요. '어떤 일을 하는 데 바탕이 되는 것'을 비유할 때 쓰기도 하지요. "스마트폰은 우리 삶에 걸림돌이 될 수도, 디딤돌이 될 수도 있다"처럼 사용한답니다.

**털 알레르기는 고양이 기르는 데
큰 걸림돌이다.**

이럴 때 사용해요

맨 앞에서 달리던 주자가 걸림돌에 걸려서 넘어졌다.

친구: 네가 1등이었는데 어쩌다 넘어진 거야?

주자: 운동장에 튀어나온 돌부리를 못 봤어.

친구: 다치지 않아서 다행이야. 다음엔 걸림돌 조심해.

우리 집에는 외식을 방해하는 이 있다.

아빠: 우리 오랜만에 밖에서 저녁 먹을까?

엄마: 안 돼. 외식하면 많이 먹게 되잖아. 집밥 먹자!

아들: 엄마의 다이어트가 걸림돌일 줄이야.

어휘를 확장해요

비슷한말
거침돌: 거추장스럽게 걸리거나 막히는 것을 비유한 말.
장애물: 가로막아 거추장스러운 것.
방해물: 일이 잘되지 않게 막는 것.
장벽: 방해가 되거나 쉽게 극복하기 어려운 것.

참고 어휘
디딤돌: 마루 아래에 놓아 디디고 오를 수 있게 한 돌. 또는 일을 시작하는 바탕이 되는 것.

관련 관용구
벽에 부딪히다: 어려움에 가로막히다.
발목을 잡다: 일이 잘되지 않게 방해하다.

고삐

- 말이나 소를 몰거나 다루려고 재갈, 코뚜레, 굴레에 매는 줄.

말과 소는 옛날부터 농사를 짓고 먼 길을 가는 데 꼭 필요한 동물이었어요. 말과 소를 사람 마음대로 부리려면 여러 도구가 필요했지요. 말 입에는 '재갈'을 물리고, 소 코에는 '코뚜레'를 끼웠어요. 여기에 줄을 이어 머리와 목에 '굴레'를 씌웠지요. '고삐'는 이 도구들에 연결해 소나 말을 조종하는 줄이에요. 점차 뜻이 넓어져서 통제력이나 긴장, 노력의 강도를 나타내는 말로도 쓰여요.

승마 대회에서 고삐를 놓쳐 떨어질 뻔했다.

비유가 담긴 어휘

📢 이럴 때 사용해요

축구 대표 팀이 후반에 들어와 추격의 고삐를 당기기 시작했다.

캐스터: 손흥민 선수, 동점 골입니다!

해설가: 지금부터 고삐를 당겨야 승리할 수 있습니다.

캐스터: 우리 선수들, 이 기세로 한 골만 더 넣으면 됩니다.

고 3인 우리 언니는 여름 방학이 되자 고삐가 풀렸다.

엄마: 수험생이 너무 놀기만 하는 거 아니니?

언니: 잠깐 고삐를 늦추고 쉬어야 공부가 잘돼요.

동생: 잠깐이 아니라 고삐 풀린 망아지처럼 매일 놀잖아.

📋 어휘를 확장해요

참고 어휘

재갈: 말을 다루기 위해 입에 물리는 가느다란 막대.
코뚜레: 소의 콧구멍 사이를 꿰뚫어 끼는 나무 고리.
굴레: 말이나 소의 목에 걸어 고삐와 연결하는 줄. 또는 자유롭지 못하게 얽매이거나 구속되는 일을 비유한 말.

관련 관용구

고삐 풀린 망아지: 억눌림에서 벗어나 마음대로 행동하는 모습.
고삐를 조이다: 조금도 느슨하게 하지 않고 긴장하게 하다.
고삐를 틀어쥐다: 어떤 일을 주도적으로 힘차게 해 나가다.

관련 속담

고삐가 길면 밟힌다: 나쁜 일을 오래 숨기면 결국 들통난다는 뜻.

밑거름

- 어떤 일을 이루는 데 바탕이 되는 것.
- 씨앗을 뿌리거나 벼를 심기 전에 미리 뿌리는 거름.

작물이 잘 자라려면 흙에 양분이 있어야 해요. 지금은 화학 비료를 많이 쓰지만, 옛날에는 농사를 지을 때 똥, 오줌, 재, 낙엽처럼 영양분이 될 만한 재료를 땅에 뿌렸어요. 이것을 '거름'이라고 해요. 씨를 뿌리거나 벼를 심기 전에 미리 뿌리는 거름은 '밑거름'이라 하지요. 흙이 영양분을 머금어 싹이 잘 나고 뿌리가 튼튼하게 자라도록 도와요. 그래서 밑거름은 '어떤 일을 이루는 데 기초나 바탕이 되는 요소'라는 뜻으로도 쓰인답니다.

엄마가 텃밭에 밑거름을 뿌렸다.

비유가 담긴 어휘

📢 이럴 때 사용해요

유명인이 텔레비전에 나와 성공의 밑거름을 밝혔다.

사회자: 선생님께서는 지금의 성공 요인이 뭐라고 생각하시나요?

유명인: 100번의 실패가 성공의 밑거름이 되었습니다.

사회자: 결국 실패가 있었기에 지금의 성공도 가능했군요.

키가 잘 자랄 수 있게 도와주는 밑거름을 찾았다.

아이: 엄마, 키가 더 클 수 있는 방법을 알아냈어요.

엄마: 잘 먹고 많이 움직이는 것 말고 뭐가 또 있니?

아이: 충분한 수면이 성장의 밑거름이래요. 앞으로 7시부터 잘래요.

📝 어휘를 확장해요

비슷한말

기반: 어떤 일을 시작하거나 이루는 기초.
토대: 건물이나 일의 바탕이 되는 기초.

참고 어휘

양분: 영양이 되는 성분.
웃거름: 씨앗을 뿌린 뒤나 모종을 옮겨 심은 뒤에 주는 거름.
덧거름: 농작물에 첫 거름을 준 뒤 보충하기 위해 더 주는 거름.

관련 속담

터를 닦아야 집을 짓는다: 기초를 다져야 다음 일을 할 수 있다는 뜻.

바늘구멍

- 바늘로 뚫은 아주 작은 구멍.
- 실을 꿰려고 바늘 위쪽에 뚫은 구멍.
- 아주 작은 구멍을 비유한 말.

'바늘'은 옷을 짓거나 꿰맬 때 쓰는 도구예요. 한쪽 끝에는 작은 구멍, 즉 '바늘귀'가 있어 실을 꿰지요. '바늘구멍'은 바늘로 뚫은 아주 작은 구멍을 말하기도 하고, 바늘귀 자체를 가리키기도 해요. 바늘귀에 실을 꿰기가 어려워서, 비유적으로 '통과하기 힘든 관문'을 뜻할 때도 써요. 그래서 "바늘구멍을 통과하다"는 높은 문턱을 간신히 넘었다는 의미랍니다.

취업난으로 좋은 회사에 들어가는 건 바늘구멍 뚫기보다 어렵다.

 이럴 때 사용해요

바늘구멍이 안 보여서 바느질을 못 하겠다.

할머니: 이거 왜 바늘구멍이 안 보이니?
손녀: 어라, 이 바늘 불량인데요? 바늘구멍이 없어요.
할머니: 아이고, 난 또 돋보기를 바꿔야 하나 했네.

바늘구멍 사진기로 사진의 원리를 공부했다.

학생: 바늘구멍 사진기로 봤더니 물체가 거꾸로 보여요.
선생님: 빛이 바늘구멍을 통과할 때 상이 상하좌우 반대로 맺히는 거야.
학생: 와, 바늘구멍 하나로 이렇게 신기한 걸 볼 수 있다니!

 어휘를 확장해요

비슷한말

침공: 바늘로 찔러서 난 작은 구멍.
바늘귀: 실을 꿰려고 바늘 위쪽에 뚫은 아주 작은 구멍.
틈새: 벌어져 난 좁은 사이.

관련 속담

바늘구멍으로 코끼리를 몰라 한다: 도저히 불가능한 일을 억지로 시킨다는 뜻.
바늘구멍으로 하늘 보기: 생각이 너무 좁거나 전체를 보지 못한다는 뜻.
바늘구멍으로 황소바람 들어온다: 작은 것이라도 상황에 따라 크게 문제가 될 수 있다는 뜻.

부채질하다

- 부채를 흔들어 바람을 일으키다.
- 좋지 않은 일이나 감정을 더 심하게 만들다.

'부채'는 손으로 흔들어 바람을 일으키는 도구예요. 더운 여름에 자주 쓰지요. '부채질하다'는 부채로 바람을 내는 행동이지만, 비유적으로도 자주 쓰여요. 불을 피울 때 부채질을 하면 산소가 공급돼 불이 더 잘 붙고 활활 타올라요. 그래서 '어떤 상황을 더 나빠지게 하거나 심해지게 부추기다'라는 뜻으로도 쓰여요. 비슷한말로 '조장하다' '선동하다'가 있어요.

아빠의 태평한 모습이 엄마의 짜증을 **부채질했다**.

비유가 담긴 어휘

📢 이럴 때 사용해요

형은 라면을 끓일 때 면발에 부채질한다.

동생: 형, 왜 라면에 부채질해?

형: 이렇게 하면 면이 더 꼬들꼬들해서 맛있어.

동생: 그런가? 부채질하면 라면이 더 늦게 익을 것 같은데.

기자: 경제가 나빠진 원인이 뭐라고 보십니까?

전문가: 경기가 안 좋은데, 정치 불안이 그 상황을 더 부채질했습니다.

기자: 결국 정치가 경제 악화에 기름을 부은 셈이군요.

📋 어휘를 확장해요

비슷한말

부추기다: 남을 자극해 어떤 일을 하게 만들다.
조장하다: 나쁜 일을 더 심해지게 하다.
선동하다: 남을 부추겨 행동하게 하다.
불붙이다: 어떤 일이나 감정을 더 세게 하다.

관련 관용구

기름을 끼얹다, 기름을 붓다: 감정이나 상황을 더 심하게 만들다.

관련 속담

불난 집에 부채질한다: 안 좋은 일을 더 커지게 하거나 성난 사람을 더 화나게 한다는 뜻.

살얼음판

- 얇게 언 얼음이 넓게 펼쳐진 곳.
- 매우 위태롭고 아슬아슬한 상황을 비유한 말.

겨울이 되면 도로 위에 녹았던 눈이 살짝 얼어붙어 '살얼음'이 생겨요. 이 때문에 차 사고가 나기도 해요. 살얼음이 넓게 퍼져 있는 것을 '살얼음판'이라고 해요. 살얼음판은 얼핏 보면 잘 안 보여서 무심코 밟았다가 미끄러지기 쉬워요. 그래서 조심스럽게 살살 걷게 되는데, 이런 모습에서 나온 표현이 '살얼음을 밟듯'이에요. '아슬아슬한 처지'나 '신중해야 하는 상황'을 가리키지요.

우리 집 분위기가 살얼음판 같다.

이럴 때 사용해요

갑작스러운 추위로 길 곳곳이 살얼음판으로 변했다.

엄마: 학교 가는 길이 온통 살얼음판이니, 조심하렴.

아들: 살얼음판에서 넘어지면 다칠 텐데, 오늘 학교 쉬면 안 돼요?

엄마: 안 돼. 대신 오늘은 버스 타고 가.

재원이는 요즘 살얼음판을 걷는 기분이다.

재원: 하영이랑 진수가 싸워서 중간에서 어쩔 줄 모르겠어.

친구: 네가 나서서 화해시키면 되잖아.

재원: 분위기가 살얼음판 같아서 말도 못 걸겠는걸.

어휘를 확장해요

비슷한 말
얼음판: 얼음이 넓게 얼어 있는 곳.
위태위태하다: 마음을 놓을 수 없을 정도로 매우 위험하다.

관련 관용구
살얼음을 밟듯: 겁이 나서 아주 조심스럽게 행동하는 모양.

관련 사자성어
위험천만(危險千萬): 매우 위험하다는 뜻.
여리박빙(如履薄氷): 살얼음을 밟는 것처럼, 아슬아슬하고 위험한 상황을 비유한 말.

샛별

- '금성'을 이르는 말.
- 앞으로 크게 성장할 가능성이 있는 사람을 이르는 말.

새벽녘 동쪽 하늘에 유난히 반짝이는 별이 있어요. 바로 금성, 우리말로 '샛별'이에요. 흔히 새벽에 떠서 붙은 이름이라 생각하지만, '샛별'은 동쪽을 뜻하는 순우리말 '새'와 '별'을 합친 단어예요. 샛별은 어떤 분야에 새로 등장한 실력 있는 신인이나 장래가 기대되는 사람을 뜻하기도 해요. '떠오르는 샛별'처럼 표현하지요. 금성이 초저녁 서쪽 하늘에서 반짝일 때는 '개밥바라기'라고 불러요. 배고픈 개가 저녁밥 달라고 짖을 무렵에 뜨는 별이라서 붙은 이름이에요.

새벽에 동쪽 하늘에서 빛나는 샛별을 봤다.

비유가 담긴 어휘

📢 이럴 때 사용해요

샛별처럼 반짝거리고 초롱초롱한 눈을 '**샛별**눈'이라고 한다.

엄마: 우리 아기는 눈이 어쩜 이렇게 초롱초롱할까?
아빠: 당신을 닮아서 그런지 샛별눈이야.
엄마: 하긴, 내 눈동자가 샛별처럼 반짝거리긴 하지.

유망주로 떠오른 **샛별**이 공연장을 휩쓸고 있다.

지휘자: 자네가 요즘 음악계에서 촉망받는 샛별이라지?
연주가: 하하, 그렇게 불러 주시다니 영광입니다.
지휘자: 그 반짝임, 오래 지켜보고 싶네.

📝 어휘를 확장해요

비슷한말

금성: 태양에서 두 번째로 가까운 행성. 수성과 지구 사이에 있음.
태백성: 저녁에 서쪽 하늘에 보이는 금성을 이르는 말.
유망주: 어떤 분야에서 잘될 가능성이 있는 사람을 이르는 말.
개밥바라기: 초저녁쯤 서쪽 하늘에서 반짝이는 금성.

관련 관용구

떠오르는 별: 어떤 분야에 새로 나타나 주목받는 사람.

관련 속담

하늘의 별 따기: 이루기 아주 어려운 일을 이르는 말.
하늘을 보아야 별을 따지: 성과를 내려면 그에 맞는 노력과 준비가 필요하다는 말.

식은땀

- 덥지 않은데 병 때문에 나는 땀.
- 몹시 긴장하거나 놀랐을 때 흐르는 땀.

'땀'은 운동을 열심히 하거나 날씨가 무더울 때, 뜨거운 음식을 먹을 때 몸의 열을 식히려고 나는 액체예요. 그런데 덥지도 않은데 땀이 날 때가 있어요. 몸이 약해졌거나 공포 영화를 볼 때처럼 몹시 긴장할 때죠. 이때 나는 땀을 '식은땀'이라고 해요. 식은땀은 덥거나 매워서 흘리는 땀과 달리 오히려 싸늘하고 차갑게 느껴져요. 몸이 크게 아프거나 마음이 심하게 긴장했다는 뜻이에요.

악몽을 꾸고 일어나니, 온몸이 **식은땀**으로 젖었다.

비유가 담긴 어휘

 이럴 때 사용해요

기웅이가 식은땀을 흘리며 몸을 오들오들 떨었다.

기웅: 나 속이 답답하고 식은땀이 나.

친구: 이마에 열은 없는데 갑자기 왜 그래?

기웅: 아무래도 아까 급하게 먹은 빵이 체한 모양이야.

압박 면접에 슬아는 식은땀이 나는 것 같았다.

면접관: 우리 학교에 지원한 동기가 뭐죠?

슬아: 갑자기 식은땀이 나서, 잠깐 닦고 말씀드리겠습니다.

면접관: 괜찮습니다. 천천히 하세요.

 어휘를 확장해요

비슷한말

마른땀: 몹시 긴장하거나 놀랐을 때 나는 땀.
진땀: 힘들거나 당황했을 때 나는 끈끈한 땀.

관련 관용구

진땀을 빼다: 어려운 일을 하느라 몹시 애쓰다.
학을 떼다: 힘든 일을 겨우 벗어나거나 질려 버리다.
손에 땀을 쥐다: 아슬아슬해서 마음이 조마조마하다.

관련 속담

도둑이 제 발 저리다: 잘못한 일이 있어 스스로 마음이 불안한 상태를 이르는 말.

쏜살같이

● 쏜 화살처럼 아주 빠르게.

올림픽 양궁 경기를 본 적 있나요? 선수들이 쏜 화살이 눈 깜짝할 사이 과녁에 꽂히는 장면은 정말 놀라워요. 화살이 날아가는 속도가 눈을 깜빡이는 순간보다 더 빠를지도 몰라요. '쏜살같이'는 '쏜 화살같이'에서 굳어진 말로, 아주 빠른 상태를 뜻해요. 줄여서 '살같이'라고도 해요. 참고로 자주 쓰는 표현인 '총알같이'는 한 단어가 아니에요. 명사 '총알'에 조사 '-같이'를 붙인 형태가 아니라면 '총알 같다' '총알 같은'처럼 띄어 써야 해요.

**종이 울리자 우리는 쏜살같이
급식실로 달려갔다.**

비유가 담긴 어휘

 **이럴 때 사용해요**

> **오빠가 어질러진 방을 쏜살같이 치웠다.**

엄마: 방을 돼지우리처럼 해 놓으면 앞으로 용돈은 없다!

오빠: 어휴, 무슨 그런 섭섭한 말씀을…. 지금 치울게요.

엄마: 으름장 한마디에 쏜살같이 치우는구나.

> **할머니가 세월이 쏜살같이 흘렀다고 한탄했다.**

할머니: 아름다웠던 청춘이 쏜살같이 지나갔구나.

손녀: 요즘은 120세 시대래요. 할머니는 아직 청춘이세요.

할머니: 그 말을 들으니 기운이 나네.

 **어휘를 확장해요**

비슷한말

득달같이: 조금도 늦추지 않고 아주 빠르게.
벼락같이: 행동이 몹시 빠르게.
비호같이: 매우 용감하고 날쌔게.

관련 관용구

눈 깜짝할 사이: 아주 짧은 순간.

관련 사자성어

전광석화(電光石火): 번갯불이나 부싯돌 불빛처럼 매우 짧은 순간이나 재빠른 움직임을 비유한 말.

쐐기

● 틈을 메우거나 벌릴 때 쓰는 납작하고 뾰족한 물건.

'쐐기'는 세모 모양으로 깎아 틈새에 박아 쓰는 '나무못'이에요. 나무틀이나 이음새에 쐐기를 박으면 빠지거나 움직이지 않아요. 또 바위를 쪼갤 때 틈에 쐐기를 박아 벌리기도 하지요. 이렇게 단단히 고정하거나 벌리는 성질 때문에 쐐기는 '어떤 일을 분명히 한다'는 뜻으로도 쓰여요. 예를 들어 '쐐기 골'은 더 이상 승부가 바뀌지 않는 결정적인 골을 말해요.

축구 경기 종료 직전에 승리를 결정짓는 **쐐기** 골을 넣었다.

비유가 담긴 어휘

📢 이럴 때 사용해요

기원전 3500년경부터 메소포타미아에서는 쐐기 문자를 썼다.

- 지유: 고대 수메르인들이 쓰던 문자가 쐐기 모양을 닮았대.
- 동생: 그 사람들 쐐기나방 애벌레를 좋아했나 보구나.
- 지유: 곤충 '쐐기'가 아니라, 물건 틈에 박는 '쐐기'를 말하는 거야.

학급 회장 선거에서 소희의 마지막 연설이 쐐기를 박았다.

- 은정: 이번 선거에서 누가 학급 회장이 될지 결정된 것 같지?
- 친구: 소희가 연설로 쐐기를 박은 것 같아.
- 은정: 맞아. 분위기가 완전히 소희 쪽으로 기울었더라.

📝 어휘를 확장해요

비슷한말

설: 틈에 박아 물건을 고정하거나 틈을 벌리는 데 쓰는 물건.

참고 어휘

이음새: 두 물건을 맞대어 이은 부분.

관련 관용구

쐐기를 박다: 나중에 문제가 생기지 않도록 확실하게 다짐하다.

관련 속담

얻어 온 쐐기: 남의 집에 와서 도와주지 않고 먹기만 하는 사람을 이르는 말.

구멍 보고 쐐기를 깎아라: 무슨 일이든 조건과 사정을 살펴 알맞게 하라는 뜻.

악착같이

● 매우 모질고 끈질기게.

齷 악착할 악　齪 악착할 착

절에 가면 법당 천장에 작은 인형을 대롱대롱 매달아 놓은 모습을 볼 수 있어요. 이 인형은 '악착 보살'이라 불러요. 옛날에 한 보살이 부처님이 계신 극락으로 가는 배를 놓치지 않으려고 줄을 꼭 잡고 끝까지 매달린 이야기에서 유래했지요. 이 인형은 무슨 일이든 쉽게 포기하지 않고 끝까지 해내려는 모습을 상징해요. '악착'은 이를 악물고 온 힘을 다하는 사람처럼 '일을 해 나가는 태도가 억세고 끈질긴 사람'을 가리켜요. 이렇게 독하고 끈질긴 태도를 '악착같이'라고 표현한답니다.

어려운 문제를 악착같이 풀어내려고 했다.

비유가 담긴 어휘

 **이럴 때 사용해요**

삼촌은 조기 은퇴를 목표로 악착같이 돈을 모으고 있다.

- 삼촌: 어제는 퇴근하고 새벽 1시까지 대리운전을 했어.
- 조카: 악착같이 돈을 모으는 이유가 뭐예요?
- 삼촌: 노후 자금을 빨리 모아서 45세 전에 은퇴하려고.

경찰이 도망치는 도둑을 악착같이 붙들었다.

- 경찰: 거기 서! 아무리 도망쳐도 소용없다!
- 도둑: 제발 놔주세요. 잘못했어요!
- 경찰: 악착같이 쫓아온 보람이 있네. 이제 함께 경찰서로 가자.

 **어휘를 확장해요**

비슷한말
- **깡**: 힘든 일을 끝까지 버티는 기개.
- **오기**: 능력은 부족하지만 남에게 지기 싫어하는 마음.
- **고집**: 자기 생각을 굽히지 않고 끝까지 버티는 성격.

관련 사자성어
- **와신상담**(臥薪嘗膽): 원수를 갚거나 뜻을 이루려고 어려움과 괴로움을 참고 견딘다는 말.

관련 속담
- **개같이 벌어서 정승같이 산다**: 돈을 벌 때는 일이 힘들더라도 악착같이 벌고, 쓸 때는 떳떳하고 보람 있게 쓴다는 뜻.

턱걸이

- 철봉을 잡고 몸을 올려 턱을 철봉 위로 넘기는 운동.
- 씨름에서, 손으로 상대 턱을 걸어 넘어뜨리는 기술.
- 어떤 기준에 겨우 도달한 상황을 비유한 말.

'턱걸이'는 '턱'과 '걸이'를 합친 말로, 철봉을 두 손으로 잡고 몸을 올려 턱을 철봉 위로 넘기는 동작을 뜻해요. 생각보다 어려워 한 번만 올라갔다 내려오는 것도 힘들어하는 사람이 많아요. '턱걸이하다'는 어떤 기준에 겨우 도달하는 상황을 비유한 말이에요. "시험에 간신히 턱걸이했다"처럼요. 운동이든 공부든, 한번 해냈다면 거기서 멈추지 말고 계속 도전하는 게 중요하겠죠?

1분 동안 턱걸이를 40개나 했다.

 **이럴 때 사용해요**

준호는 원하던 대학에 턱걸이로 들어갔다.

준호: 나 대학 턱걸이로 간신히 붙었어.
친구: 붙은 게 어디야. 턱걸이라도 합격은 합격이지.
준호: 맞아. 결과가 중요하지. 마음껏 기뻐해야겠다.

김 선수는 턱걸이 기술을 이용해서 천하장사가 되었다.

진행자: 김 선수가 주특기인 턱걸이 기술에 성공했습니다.
해설자: 보기 드문 기술인데 상대에게 제대로 먹혔네요.
진행자: 턱걸이 한 방으로 천하장사를 차지한 김 선수, 정말 대단합니다!

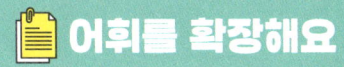 **어휘를 확장해요**

비슷한말
빠듯하다: 어떤 정도에 간신히 닿을 만하다.

반대말
거뜬하다: 힘들이지 않고 쉽게 해내다.
여유롭다: 어려움 없이 넉넉하게 해내다.

관련 관용구
간발의 차이: 서로 엇비슷할 정도의 아주 작은 차이.

관련 사자성어
구사일생(九死一生): 아홉 번 죽을 뻔하다가 한 번 살아났다는 뜻으로, 아주 어렵게 성공했다는 말.

티끌

- 티와 먼지를 통틀어 이르는 말.
- 아주 작거나 적은 것을 이르는 말.

나무가 타고 남은 재나 흙 부스러기는 공기 중에 흩어지면 잘 보이지 않아요. 이렇게 아주 작아 눈에 잘 띄지 않는 먼지를 '티'나 '티끌'이라고 해요. '티끌'은 먼지를 뜻하지만, '~만큼'이나 '~만 하다'와 함께 쓰여 아주 작거나 적음을 나타내기도 해요. 예를 들어 "오늘은 걱정이 티끌만큼도 없어요"라고 하면 걱정이 거의 없다는 뜻이에요. 어떤 상황을 강조하거나 과장할 때 쓰는 표현이지요.

바람이 훅 불어 눈에 티끌이 들어갔다.

비유가 담긴 어휘

 이럴 때 사용해요

티끌 하나 없이 집 안 청소를 했다.

친구 세상에, 무슨 집에 티끌 하나 없니?

정현 손님을 맞을 생각에 어제 밤새도록 청소했어.

친구 그래서 바닥이 반짝반짝하구나!

도둑은 **티끌**만 한 양심의 가책도 없는 것 같다.

집주인 도둑이 우리 아이 돌 반지까지 훔쳐 갔어요.

경찰 범인은 양심이 티끌만큼도 없군요.

집주인 그런 사람은 티끌만 한 후회도 안 하겠죠.

 어휘를 확장해요

비슷한말

티: 먼지처럼 아주 작은 부스러기.
먼지: 공중에 떠다니거나 물건 위에 쌓이는 아주 작고 가벼운 물질.
분진: 아주 자잘한 부스러기와 먼지.
부스러기: 잘게 부서진 작은 조각.

관련 속담

티끌 모아 태산: 작은 것도 모이면 큰 것이 된다는 뜻.
옥에 티: 훌륭하거나 좋은 것에 있는 사소한 흠을 이르는 말.
주머니 털어 먼지 안 나오는 사람 없다: 누구에게나 단점은 있다는 뜻.